エジプト

転換期の国家と社会

伊能武次著

朔北社

エジプト　転換期の国家と社会　目次

エジプト　転換期の国家と社会

まえがき

本書は、一九七〇年代以降対外政策をはじめとして公共政策を転換させてきたエジプトの政治の現状を、経済政策、福祉政策、および対外政策の三つの分野に焦点をあてることにより考察したものであり、中東研究者だけでなくエジプトや中東地域の政治に関心をもつ学生や一般読者をも想定して執筆したものである。筆者は、前著『エジプトの現代政治』においてエジプトの政治を政治エリート、宗派（ムスリム・コプト）関係、および中央・地方関係の三つの視角から考察を加えたが、本書ではエジプト政治を社会変動というより広い文脈の中に位置づけながら、転換期のエジプト政治を象徴する公共政策を対象に取り上げて分析するという具合に前著とは異なった視角を用いた。

こうした視角の変化に影響を及ぼした理由のひとつは、エジプトの社会が当面している多くの困難な問題とそうした現状に対する現地エジプトの政治学者など社会科学者の政策的な関心の高まりであった。一九八〇年代の後半からエジプトの政治学の世界では公共政策分析への関心が増大しており、社会科学者の間で自己の研究と社会的なレレバンスの問題が強く意識されつつあった。ちょうどそうした時期に筆者はカイロの国立社会・犯罪研究センターで客員研究員として滞在していたのであった。九〇年代を通して研究対象として公共政策に筆者が関心を強めた背景にはそうした現地の事情から受けた刺激があったように思われる。

本書はエジプトの政治の現状に関するものではあるが、しかししばしば見受けられるカントリー・レポートとは明確に異なるものを意識して執筆したものである。しかしながら、本書で取り上げた公共政策のうちで経済政策と福祉政策、特に後者については筆者のこれまでの研究課題から大きくかけ離れた分野でもあり、また研究の現状では未開拓の分野でもあることから、主として問題の所在を明確化するという試論的、問題提起的な研究にとどまらざるをえなかった。読者からの適切なご批判を期待したい。

本書もまた多くの人々によるご指導とご支援がなければ、このような形でまとめることはできなかったであろう。エジプトの友人や研究者、とりわけムスタファ・カーミル・アッサイイドおよびサルワ・ゴモア（カイロ大学）、アマーニー・カンディール、オサーマ・ガザーリー・ハルブ（アハラーム政治・戦略研究センター）、ギハード・オーダ（ヘルワーン大学）、サアド・エッディーン・イブラヒーム（イブン・ハルドゥーン・センター）およびムハンマド・シャフィーイー・イーサー（ＩＮＰ）らとの面談から多くを学ぶことができたし、さらに資料面でも貴重な助言を受けることができた。この場を借りてお礼を申し上げたい。また、本書で利用した資料のいくつかは、二〇〇〇年二月のカイロ訪問の際に入手することができた。その機会を提供していただいた中東経済研究所およびカイロでの現地調査に際してご協力いただいた同研究所の中村玲子さんに感謝申し上げたい。

なお、本書の第二章および第四章は、それぞれアジア経済研究所および日本国際問題研究所において実施された研究会での報告に加筆したものであり、第三章は『上智アジア学』第十四号（一九九六年）および田中宏編『世界の福祉国家』（お茶の水書房、一九九七年）に執筆した論文を大幅に加筆修正したものであることを読者にお断りしておきたい。上記二つの研究所での研究会における議論は、今回それらの報告を加筆修正するにあたり、あらためてよい刺激となった。ここに両研究会の参加メンバーに感謝したい。

アラビア語の表記に関しては、参考文献における表記を除いて、本文における資料名や人名、地名の表記は、カタカナ表記を用いた。また専らエジプトでの読み方で表記した。

最後に、本書の出版を可能にしていただいた朔北社の宮本功社長および編集の作業にあたられた斎藤京子さんに心から感謝申し上げたい。

二〇〇一年五月

著者

序　章

1　本書の課題と構成

二一世紀をむかえて、エジプトはどこへ進もうとしているのだろうか。人口の大多数がムスリム（イスラーム教徒）によって構成され、イスラーム暦がなおも人々の生活で重要な位置を占めるエジプトでは、西暦のかわりめは、わたしたちが考えるほどの意味をもっていないかもしれない。しかし、二一世紀を歩み出した今日のエジプトの国家と社会が抱えている問題は、どのような性格をもったものであり、またエジプト政府と国民はそれらをどのように対処しようとしてきたのかについて、あらためて問い直されている。それはなぜか。

まず、その一般的な理由として、第三世界および旧社会主義圏の国々の多くが試みているように、エジプトも統制経済から市場経済への移行の途上にあり、転換期におけるエジプトの経験を明らかにすることは、移行に伴う障害や課題に他の国々が立ち向かう際に参考とすべき事例を提供しうるからである。さらに中東地域において、アラビア語でインフィターハと呼ばれる経済開放政策を一九七〇年代にいち早く導入したのが、サダート大統領下のエジプトにおいてであった。

その後イスラエルをも含めて、体制を支えるイデオロギーの違いを越えて、民営化などの政策が導入された。その結果、中東ではエジプトがあたかも移行経済の実験における先導役の役割を果たしたかのように考えられた。その意味で、エジプトの経験を跡付け、問い直すことは、中東諸国における移行経済が抱えている障害や課題を明らかにし、さらには中東諸国が置かれている政治的、社会的、そして歴史的な脈絡をも明らかにするうえで、重要であろう。

本書は、一九七〇年代以降市場経済への転換を試みてきたエジプトの国家と社会を、その政治と外交とを主たる対象にして、見つめ直そうとするものである。

今日のエジプトは、かつて一九五〇年代から六〇年代にかけて、アラブ世界および第三世界においてナーセルの下で演じた指導的な国家としての華々しさからは著しくかけはなれた存在である。アラブの盟主として民族と国家の威信を内外に主張した時代から、いまやアメリカ合衆国に軍事的、経済的に大きく依存する時代へと、エジプトがこの数十年間にたどってきた変貌は、著しいものである。このような激しい変化の中に生きてきたエジプト人の間には、そうした変化にうまく適応できなかったり、矛盾や憤りを感じたり、あるいは自国の将来に懸念を抱く人々が、多く存在している。しかし一方で、五二年の革命後の時期をむしろ例外的なものとしてとらえる人々も多く存在している。また、かつての民族主義華やかな時代のエジプトを知る外部の人々の一部には、アラブの大国エジプトがその後たどってきた「変節」ぶりに不満や失望を禁じえない人々も多いであろう。

エジプトの内外政策の急激な変化は、このようにエジプト内外の人々の間に、相互に対立する評価を生み出してきた。しかし、そのような評価について何らかの判断をわれわれが下すには、時期尚早であろう。なぜなら、五二年革命後今日までのエジプトは、いまなおその歴史を形作る過程にあるからであり、まだ歴史の一部にはなっていないからである。エジプトの人々は、自国の現代史を評価しうる客観的な場所にいるというよりも、形成途上の歴史にかかわる主体としてなお日々のたたかいの場にあると言えるであろう。したがって、そうした意味では、エジプト社会が現在経験しつつある転換期の姿と変化の性格とを理解することは、容易なことではない。本書は、これまでエジプト社会を主として政治を中心にして観察してきた著者が、転換期のエジプト社会の現状について最も変化の著しかった経済政策（経済改革）と対外関係というふたつの側面を中心にして分析し、評価を加えようとするものである。したがって、本書は歴史（現代史）研究の書ではないことを予め読者にお断りしておきたい。

つぎに、本書の構成について、述べてみたい。

序章の後半では、今日のエジプトについて読者のイメージ形成を容易にするために、基本的な事柄を、①国際関係の中のエジプト、②エジプトの国家と社会、および③一九九〇年代のエジプト政治、の三つの項目にそって概観する。第一章では、国民へのパンと仕事の確保というエジプト政府にとっては今日に至るまで政治的な最優先課題であった問題にかかわる諸側面をとりあげ、それらの変化を把握することにより一九五二年以降の社会の大きな流れの中で政治をとらえなおしてみたい。第二章および第三章では、エジプトの政治が抱える課題として、経済改革をとりあげている。そのうち第二章は、一九九〇年代に至ってようやく本格化した経済改革の試みを政治過程に焦点をあてて分析したものである。第三章は、社会福祉の問題を取り上げて、市場経済への転換期の社会が抱える問題を明らかにしようとするものである。第三世界、あるいは発展途上国にとっては、社会福祉の領域はこれまで政策的に最も後回しにされてきた領域であるが、おそらくその状況は移行経済の試みの中で、一層矛盾をはらんだ様相を呈しているのではないか、そしてそれは今後社会的、政治的に重要な意味合いをもつのではないか、という理由からである。続いて、第四章では、対外的依存（国際関係）の問題を対象としてとりあげ、以上述べてきた経済改革の政治過程と相互に関連する対外政策がどのような国内的な諸要因によって規定され、またどのような対外関係を形成してきたかを跡付ける。最後に終章ではこれまで展開してきた議論をまとめたのち、ムバーラク政権下の政治の現状とその課題について考察してむすびとする。

2　地域的背景　―冷戦後の世界における中東とエジプト―

冷戦後の世界は、なおも深刻な地域的な紛争や国内紛争を抱えて、混迷の度をいささかも減少させてはいない。中東地域もその例外ではない。ことに中東は、冷戦後の国際政治においてその重要性、あるいは問題性を一層強めたといってよいだろう。その背景としては、いまや世界のムスリム（イスラーム教徒）人口が一〇億人をはるかにうわまわり、最も成長の著しい宗教として、世界で拡大しつつあるという基本的な事実を指摘することができる。その数は、とくにアメリカ合衆国では八〇〇万人（九〇年代末）、またヨーロッパでは西欧諸国だけでもフランス、ドイツ、イギリスを中心に八〇年代末にすでに六〇〇万人をうわまわっていた。これに多数のムスリムを抱える東欧諸国を加えると、かなりの人口にのぼる。ヨーロッパでは、イスラームはカトリックについで第二の宗教としての地位を占めるに至っているのである。ムスリム人口で世界の中心をなしてきた東南アジアや南アジア、およびイスラーム化が進んできたアフリカなど第三世界以外の地域、つまり先進国におけるこのようなイスラームの拡大は、もはや無視できない現実となっている。

こうした中で、冷戦後の新たな対立軸のひとつとして想定されたものが、すでに周知のようにキリスト教文明とイスラーム文明の対立であった。中東地域は、問題とされるイスラーム文明の発祥の地であり、イラン、スーダン、シリア、リビアなどテロ輸出国とされる国々の多くは、中東諸国である。また、旧ソ連邦の中央アジア諸国では、人口の多数がムスリムから構成されているが、石油や天然ガスが、いまや世界的な資源獲得競争の焦点になっており、国際政治上戦略的な重要性を次第に高めている。その重要性は、これらの国々とイラン、アフガニスタン、トルコなどをはじめとする中東諸国との関係が増すにつれて、一層高まっている。

冷戦の終焉とほぼ同時期に勃発した湾岸戦争（一九九一年）後の中東地域は、八〇年代に顕著になった地域的な多極化・流動化とその結果としての地域外勢力による浸透の強化とが一層増幅された局面を迎えた。それを最もよく象徴する出来事は、同戦争での敗北国イラクが飛行禁止区域を設定されて、その領土が三分割されるとともに、長期間にわたり経済制裁が課せられたことであった。また湾岸諸国では欧米やロシアなど域外大国との軍事的協定を通じて自国の安全を確保しようとする姿勢が強められたことも、そうした傾向を示すものであった。他方で、イスラエルはマドリッド会議以降経済関係を中心にしてアラブ諸国との関係改善をはかり、さらに中東の経済において自国の立場を拡大させ、指導的立場を確保しようとする姿勢を明らかにしつつあった。

九〇年代のこのような新しい動きに加えて、中東、なかでもペルシア湾岸地域は、石油資源の最大の産出地として戦略的な重要性をなおも保持している他、五〇年戦争と呼ばれる長期的な紛争であるパレスチナ紛争が未解決の状態にあり、和平プロセスは最終局面に到達したとはいうものの袋小路から容易には抜け出せない状況が続いてきた。このような和平プロセスに代表される地域的な閉塞状況は、中東諸国内部の政治参加をめぐる国内政治の閉塞状況と深くかかわりながら持続している。

さて、こうした冷戦後の国際関係の中で、エジプトはどのような位置を占めているのであろうか。エジプトの置かれた地政学上の重要性は、七〇年代半ばにソ連からアメリカへと外交関係の主軸を逆転させ、さらに七九年にイスラエルとの間で平和条約を締結してからも、変わらなかった。エジプトは、イスラエルとならんで中東紛争における和平プロセスを支える二つの柱のひとつとアメリカによって見なされ、七〇年代末以降、巨額な軍事的・経済的援助を享受し続けてきた。イスラエルおよびエジプトの両国が受領する援助の総額は、公式に報じられたところでは、つまり少なく見積もっても、アメリカの対外援助予算全体では約三〇%、そして経済援助全体でみればその約半分を占めるほどの莫大な規模に達している。アメリカ外交における中東政策の重要性の一端をそれは示している。七〇年代はじめのカイロにはわずかに数人しかスタッフを抱えていなかったアメリカの利益代表部は、九〇年代はじめには四〇〇人を上回るスタッフを擁する巨大な組織に膨れ上がり、USAID（アメリカ国際開発庁）と並んで、エジプトの人々にアメリカのプレゼンスの大きさを象徴するものとなっている。それは、あたかもナーセル時代末期において見られたソ連の巨大なプレゼンスに匹敵するものであるし、その当時のソ連と同様、アメリカもまたエジプト国民の二律背反的な感情の対象になっているのは、歴史的に長く大国支配の下に置かれてきたエジプト国民の自然な成り行きかもしれない。

このように、アメリカの中東外交において要のひとつをなすエジプトであるだけに、政権の動向と将来、とくにイスラーム反対派の動向や政府とイスラーム反対派の力関係の問題は、アメリカにとって、またエジプト内外のイスラーム反対派にとっても、強い関心を寄せる問題であった。双方にとって、エジプトの政権の動向は、中東およびイスラーム地域の事態の展開を左右しかねない重要な鍵をなしていると見なされたからであった。九〇年代にテクノロジーおよび経済のグローバル化と相互依存がますます加速される中で、エジプトのような第三世界の国々の政府は、国内経済や社会に対する統制力を一層弱めざるを得ない。そのために、政権の動向と将来展望についてては不透明さが増しているのが現状である。

3　エジプトの国家と社会

ごく基本的なデータは、巻末に掲げたハンドブックや年鑑などの参考文献から利用していただくことにして、ここでは、国家と社会にかかわる基礎的な事柄のうちで、本論で展開する議論を理解するうえで必要とされる事項について、整理しておこう。

①政治

エジプトの正式国名は、エジプト・アラブ共和国と呼ばれる。これは一九七一年にサダート前大統領によって制定された名称である。それ以前は、「アラブ連合共和国」という国名がつけられており、そこにはエジプトという名が見いだされない。アラブ連合共和国は、一九五八年にエジプトがシリアとの間でアラブ世界ではじめて国家統合を実現した結果、創設された国名であった。それは一九六一年にシリアが同共和国を離脱するに及んで、実質的には崩壊するに至ったが、その名称は、一九七〇年におけるナーセル大統領の死後までなおも使用され続けたのである。ふたつの国名の違いは、単なる名称の違いだけにとどまらず、ナーセルとサダートという二人の指導者の生きた時代とかれらが目指した方向性の違いをも物語っている。すなわち、ごく単純化していえば、それは「アラブ連合」と「エジプト」という表現に込められたアラブ・ナショナリズムとエジプト・ナショナリズムという、二項対立的な要素を内包した方向性の違いであった。

エジプトの国家元首は、憲法において、大統領と規定されている。ホスニー・ムバーラク大統領（正式名はムハンマド・ホスニー・ムバーラク）は、サダート前大統領が八一年一〇月に暗殺されてから、今日に至るまで大統領の職にある。大統領の任期は、憲法において、六年と定められており、同大統領は、八一年から九九年まで三期を連続して任期を勤めてきた。現憲法では、もともと大統領任期の再任について規定が存在していなかったが、ムバーラク大統領は、かつて八〇年五月にサダート前大統領が再任を可能にする憲法改正を強行したことにならって、九三年の二期目終了時に、任期二期までとする条項を修正する憲法改正を行い、事実上の終身大統領制を可能にしたのである。この措置は、非常事態令が継続する中でなされたものであり、民主化という観点からすると、逆行する行為として批判されるところである。しかし議会は、九九年になって同大統領の四選を支持する決議を行ない、それに基づいて九月末には国民投票が実施された。その結果、ムバーラク大統領は、対立候補なしで九〇%以上の支持を得て再選され、現在第四期目を担当している。

つぎに、議会、政党、および選挙である。議会については、エジプトには人民議会（マジュリス・アル・シャアブ）と諮問議会（マジュリス・アル・シューラー）とがあり、一見すると、二院制であるとの印象を受けかねない。しかしながら、前者（人民議会）には法案を提出する権限が与えられているが、後者（諮問議会）にはそれがない。諮問議会は、重要な国家的な問題についての調査報告や現行法の憲法上の問題点など諮問された事柄についての審議を行うという役割を与えられた議会である。したがって、日本で採用されている二院制とは異なっている。以上の、中央ないしは国政レベルの議会の他に、エジプトにも地方議会があり、その選挙も行われる。しかし、地方団体（地方行政機関）の首長は、中央政府（国）による任命制であり、地方行政は国の公共政策を地方において実施する機関としての役割を与えられている。地方議会も地方行政組織の一端として位置付けられ、その主たる役割は、地域社会の統制におかれている。また地方団体の首長との関係でも議会は弱い立場におかれている。したがって、通常「議会」という言葉でわれわれが想起する機能とは、著しく異なっているのが実態である。

国政レベルでの両院の選挙についてみると、人民議会は定数四五四議席のうち、四四四議席を二二二の選挙区からそれぞれ二名を選出する。ただし、各選挙区二議席のうち一議席は、「労働者あるいは農民」出身の候補者を選出しなければならない。残る一〇議席は、大統領によって指名されるが、総じて宗教上の少数派であるコプト教徒や女性である。任期は五年間である。最近では二〇〇〇年一〇―一一月に選挙が実施された。ここで若干の説明を加えておくと、エジプトの選挙では、候補者が、労働者、農民、およびその他のグループという三つの範疇に区分されるが、このうちで労働者と農民は、五二年革命後に形成された国家体制の基盤をなす中心的な勢力と見なされ、少なくとも議席の半数を確保しうるように法律によって定められている。しかしながら、労働者および農民という名のもとで、実際にはそれ以外の人々が議会に選出される事例がしばしば存在し、この規定が事実上骨抜きになっているために、この規定のもつ問題点がこれまで指摘されてきた。さらに九〇年代になると、ナーセル体制の遺産を見直す機運の中で、この規定そのものの廃止を求める声が上がるに至っている。

一方、諮問議会では、二六四議席のうち一／三が大統領によって指名される。残りの議席が選挙により選出される。任期は六年間で、議席の半数が三年毎の選挙により改選される仕組みとなっている。二〇〇一年はその改選期にあたっている。先に述べたように、この議会の性格上、指名される議員の多くは、高度な専門知識を備えた知識人から選ばれる傾向が強い。それは、裏返せば、名誉と報酬とを与えることにより、そうした人々の不満を弱める政治的、社会的なアメの役割あるいは知識人を政権の支持者とまではいかないまでも、かれらの不満を解消させる役割を、諮問議会は期待されているということができる。なお、諮問議会は、サダート政権の末期の悪名高い政治的な弾圧の季節に創設されたものである。

現在の両院は、いずれも与党である国民民主党（National Democratic Party : NDP）が圧倒的多数を占めており、議会における野党の役割は、きわめて限定的なものにとどまっている。しかし、八〇年代の人民議会においては、とくに八七年選挙で示されたように、野党勢力が二〇%を上回る議席を占めて、野党が実質的に存在しえた時期があり、議会は諸政党が政治的抗争をくりひろげる枠組みとなったことは注目に値する。だが、九〇年選挙以降は野党のほとんどがボイコットし、議会は与党ＮＤＰが圧倒的優位を占めるに至っている。

ここで政党についてみれば、七〇年代半ばまでエジプトは、単一の国民動員組織であるアラブ社会主義連合（Arab Socialist Union：ASU）が創設されており、政党の結成は禁じられてきた。しかし、サダート政権が成立すると、サダートの政敵が拠点とする同連合の再編が促され、複数政党制への道が準備されるに至ったのである。その動きは、八〇年代になってムバーラク政権の下でさらに進み、政治参加の拡大が見られるまでになった。多くの政党が創設され、人民議会選挙が国民の関心を高めた一時期が見られた。しかし、エジプトの政党制の特徴は、圧倒的に優位を占める与党国民民主党とその他の弱体な野党からなる支配政党型である。野党には国民の支持を動員する力が欠如している他、いずれも指導者の高齢化がすすみ、エジプトの人口で多数を占める若年層と貧困層がもっている要求に一層対応しえない状況が生まれている。ちなみに、主要野党の党首を一瞥すれば、新ワフド党は二〇〇〇年八月に死去するまでファアード・シラーグ・エッディーン（一九一〇年あるいは一九一二年生まれ。革命前の旧ワフド党内閣の内務相兼財務相）、労働党はイブラヒーム・シュクリー（一九一六年生まれ。革命前の青年エジプト党、その後身のエジプト社会党の有力政治家。サダート政権下で県知事や農業相を歴任）、統一進歩党はハーリド・ムヒー・エッディーン（一九二二年生まれ。自由将校団のリーダーのひとりで革命評議会メンバー）、自由党はムスタファ・カーミル・ムラード（一九二七年生まれ。元将校で公共部門の会長）であり、いずれも高齢で、党首の地位に長期間とどまり続けているのが特徴である。その結果、党内に世代的な対立を抱え込んでいる。つまり、野党は、政府与党との対決と党内の紛争という内外ふたつの問題を抱え込んでいる。

一方、ムバーラク大統領が総裁の地位にある与党国民民主党は、中間層以下の社会層とのつながりが薄いという点ではほとんどの野党と同じであるが、高級官僚や公共部門の経営者、テクノクラート、実業家、地方名望家など多様な社会層を抱えている。同党の幹部ポストは、閣僚や県知事など統治エリートを輩出する重要な政治的な地位である。

この他、政党法によって政党の結成を禁じられているが、事実上政党に近いものに、ムスリム同胞団がある。与野党によって利益が表出されない中間層以下の社会層の支持を動員したり、あるいはその不満を政党にかわって吸収してきたのは、ムスリム同胞団に代表されるイスラーム勢力であった。とくに、九〇年代には医師協会や弁護士（法律家）協会など専門職同業組合へのムスリム同胞団の勢力伸張とそれに伴う政治的影響力の強化が目立っている。

最後に、しかし重要性という点ではけっして最後にくるものではないが、官僚機構について言及しなければならない。エジプトの近代化、より正確には国家機構の近代化は、日本にずっと先駆けて一九世紀のはじめに開始されたことは、よく知られた事実である。早くからの富国強兵策によって、アラブ世界ではよく整備された最大規模の中央集権的な官僚機構を擁する国家をつくりあげたのが、エジプトであった。ナーセル時代のエジプトは、国際政治および中東政治の場でのナーセルのパーソナリティとイデオロギーの突出が目立ったが、ナーセルが国内政治の手法において実際に依存したのは、治安・諜報機関をふくむ強力な行政・官僚機構であった。八〇年代以降は、肥大化した行政機構に次第に機能不全が見られはじめ、統治の効率が低下する現象が生まれたが、ナーセルの手法に見られた傾向は、今日に至るまであまり変化がないように思われる。

②社会

最も有名な三大ピラミッドは、カイロ中心から車で約三〇分ほどの距離にあるが、行政的にはギーザ県にある。ナイル川は、その源をなすはるかかなたのウガンダやエチオピア、スーダンをへて、エジプト南部から地中海へとゆっくりと流れ注ぐ。エジプトでは、古来からナイル川が人々の生活を支える中心であった。そしてナイル川の上流地域を上エジプト地方、アラビア語でサイード地方と呼び、その下流、すなわちカイロから北部を下エジプト、あるいはデルタ地帯と呼んでいる。エジプトの行政区分および県別人口構成を表1および表2として掲げておこう。

エジプトの人口は、一九九六年のセンサス（統計調査）では五九二七万人を数えた。九八年には六二六八万人に達したといわれる。第二次世界大戦後の四七年の調査では一八九六万人であったから、五〇年間に三倍以上も人口が増加した計算になる。出生率は、九二年時点でなお二・八%であり、高水準で人口が増加していることを示している。平均余命は、同じく九二年時点の調査では六三歳であった。第三世界の国々に共通する現象であるが、人口構成の特徴として指摘しておかねばならないのは、若年層の占める比重の大きさである。八六年のセンサスによれば、二五歳以下が全体の五八・八%もの大きな割合を占めている。すでに言及したように、政党が指導部の高齢化傾向を抱えているために、政党、ことに野党は、総じて、こうした若年層の問題に十

表1　エジプトの行政区分（県）

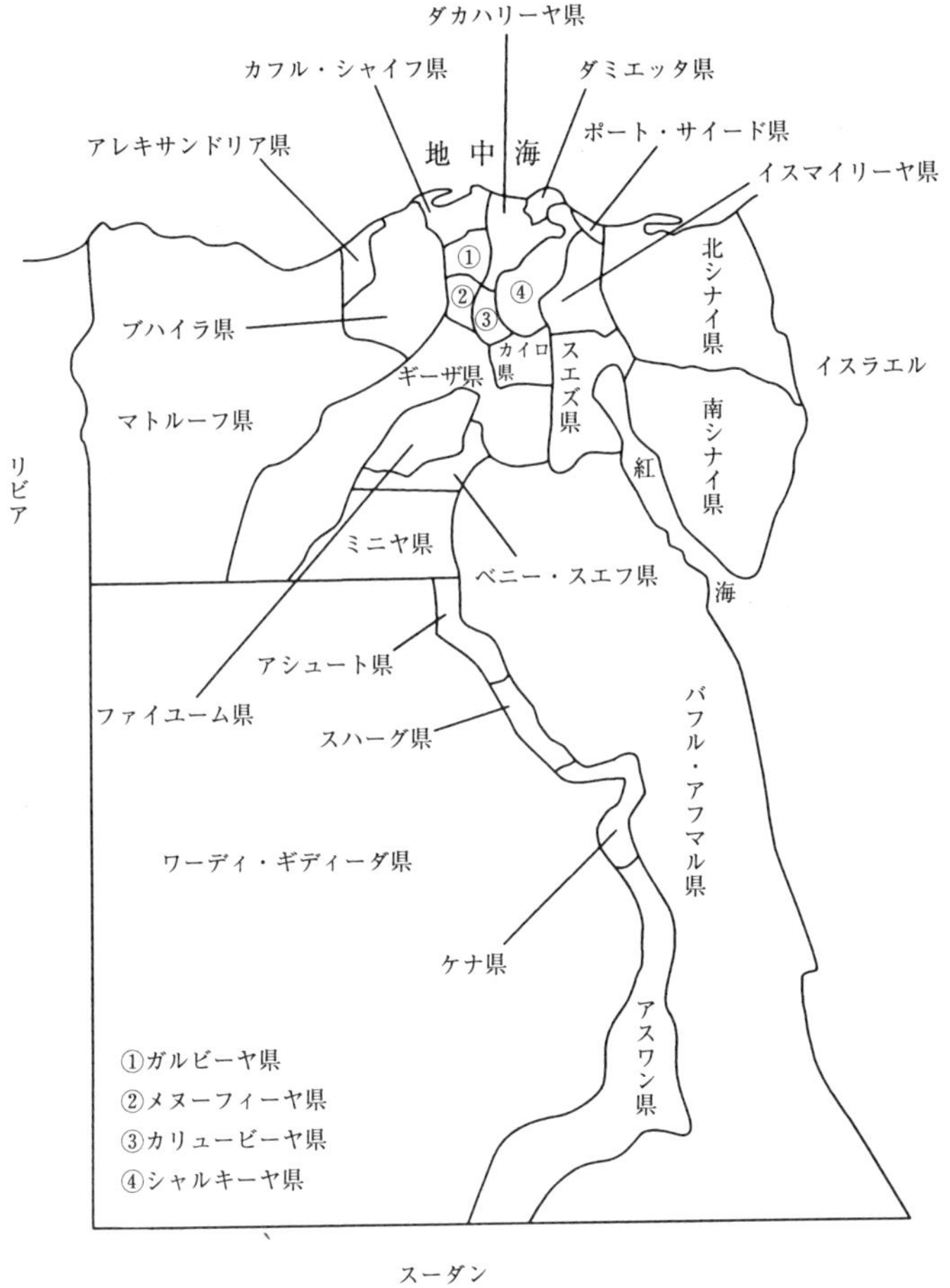
ダカハリーヤ県
カフル・シャイフ県
ダミエッタ県
ポート・サイード県
アレキサンドリア県
地 中 海
イスマイリーヤ県
①
②
③
④
北シナイ県
ブハイラ県
カイロ県
スエズ県
ギーザ県
イスラエル
マトルーフ県
南シナイ県
リビア
紅
ミニヤ県
ベニー・スエフ県
海
アシュート県
ファイユーム県
スハーグ県
バフル・アフマル県
ワーディ・ギディーダ県
ケナ県
アスワン県
①ガルビーヤ県
②メヌーフィーヤ県
③カリュービーヤ県
④シャルキーヤ県
スーダン

分対応しえないのが現状である。これは、政党にのみ限られたことではなく、エジプト社会全般について言える傾向であり、今後社会全体が当面する深刻な問題のひとつとなろう。

エジプトは、日本と同様に、一極集中的な社会である。首都カイロおよびカイロを核とする大カイロ圏（カイロ県に隣接のカリュービーヤとギーザ両県の一部を加えた地域）に人口の多数が集中している。大カイロ圏の人口は、八六年センサスでは、一〇四〇万人で、エジプト全体の人口の二〇・二％を占める。首都カイロへと人口が集中し、ことにその周縁部に貧困層を中心として人口密集地域（スラム地区）が形成されてきたことは、これまでしばしば指摘されてきた。日本の新聞でもカイロでは住宅難から「死者の町」（墓地）にたくさんの人々が住み着いている様子が再三報じられている。そうした人口増加に加えて、ナイル川沿いのカイロ・アレキサンドリア道路の東側には建物が急ピッチで増加し、大カイロ圏が物理的に拡大しつつある風景に、九〇年代にエジプトを訪れるたびに、筆者は強く印象づけられてきた。

一極集中は、人口に限られたことではない。教育、医療、娯楽（文化）など生活のほとんどの分野におけるサービスで、カイロは、人口構成上の割合以上の優越的なサービスを享受してきた。カイロについで、アレキサンドリアなど大都市を抱えるデルタ地帯（下エジプト）の諸県が比較的恵まれている。エジプトで、こうした社会経済的な格差で顕著であるのは、つぎのふたつである。第一に、長い間、上エジプト地方が地域的に不利な立場におかれてきたことであった。その結果、同地方は開発に取り残されるとともに、伝統的な価値観や慣習が、人々の生活に根強く影響を及ぼしてきた。第二に、都市化の進展によって農村人口が減少する傾向があるとはいえ、いまなお多くの人々が農村で暮らしており、都市に比べると、農村は、はるかに劣悪な条件の下におかれていることである。カイロで暮らして気がつくのは、かつて東欧諸国では庶民の政府批判がジョークを通じて表現されたように、エジプトでも、あるいはカイロと言ったほうが正確かも知れないが、人々が日常的に楽しむものが、「ヌクタ」（ジョーク）であった。ヌクタはなまものであり、日々の新鮮さが売り物ではあるが、鮮度は落ちるが、ヌクタを集めた本が毎月出版されていた。それを読むと、常に変わらないヌクタの対象、つまり登場人物があり、それが、「ファッラーヒーン」と「サイーディー」、すなわち、農民（語感としては、「百姓」）と上エジプト地方（出身）の人々であり、地域的に劣悪な状況に置かれた上述のふたつの地域にすむ人々であったことは、示唆的、象徴的である。エジプトを意味するアラビア語の「ミスル」が、同時にカイロをも意味していることは、しばしば指摘されるが、それはカイロがエジプトと等身大と見なされるほどの支配的な存在、つまり、カイロこそがエジプトであることを意味している。ヌクタがふたつの対象を好んでとりあげるのは、カイロの人々のこうした世界観の一端をいみじくも物語っていると考えることができよう。

エジプトではいまなお多くの人々が、エジプトがアラブ世界の大国あるいは中心であると考えているが、同時にイスラーム世界の中でも主要な国のひとつであると感じている。それは、ひとつには、一〇〇〇年以上の歴史を誇るアズハル（大学）というイスラーム教学の最高学府をカイ

表2　エジプトの人口（県別構成、1996年）

県　名	都市部	農村部	合　計
カイロ	6,800,992		6,800,992
アレキサンドリア	3,339,076		3,339,076
ポート・サイード	472,335		472,335
スエズ	417,527		417,527
都市県合計	11,029,930		11,029,930
ダミエッタ	250,578	662,977	913,555
ダカハリーヤ	1,174,466	3,049,453	4,223,919
シャルキーヤ	964,731	3,316,337	4,281,068
カリュービーヤ	1,340,815	1,960,429	3,301,244
カフル・シャイフ	509,790	1,713,869	2,223,659
ガルビーヤ	1,058,615	2,347,405	3,406,020
メヌーフィーヤ	548,013	2,212,418	2,760,431
ブハイラ	910,276	3,084,021	3,994,297
イスマイリーヤ	359,645	355,183	714,828
下エジプト県合計	7,116,929	18,702,092	25,819,021
ギーザ	2,589,807	2,194,292	4,784,099
ベニー・スエフ	437,671	1,421,543	1,859,214
ファイユーム	446,773	1,543,001	1,989,774
ミニヤ	643,059	2,667,070	3,310,129
アシュート	764,206	2,038,128	2,802,334
スハーグ	678,657	2,444,458	3,123,115
ケナ	517,649	1,924,367	2,442,016
アスワン	415,130	558,938	974,068
ルクソール（特別市）	166,308	194,830	361,138
上エジプト合計	6,659,260	14,986,627	21,645,887
バフル・アフマル	117,499	39,816	157,315
ワーディ・ギディーダ	68,408	73,366	141,774
マトルーフ	117,762	94,239	212,001
北シナイ	149,147	103,013	252,160
南シナイ	27,400	27,426	54,826
国境県合計	480,216	337,860	818,076
国内人口合計	25,286,335	34,026,579	59,312,914
在外人口			2,180,000
総計			61,492,914

（出所）中央動員・統計局（CAPMAS）『統計年鑑1992－1998年』カイロ，1999年，17－18頁。

ロに擁しており、世界各地から多くのムスリムとムスリマ（女性イスラーム教徒）がイスラームを学ぶためにアズハルに集っているからである。

宗教別の人口統計によると、エジプトではおよそ六%のコプト（キリスト）教徒（以下、コプトと呼ぶ）を除くと、残りの圧倒的多数は、ムスリムである。エジプトのイスラームは、トルコや多くのアラブ諸国と同じように、スンナ派のイスラームに属しているが、人々は日常生活ではスンナ派であることをことさら意識することはあまりない。むしろエジプト人の生活において注目されるのは、預言者ムハンマドや聖者の祝祭行事にみられるスーフィー（日本語ではこれまで神秘主義という語が当てられてきた）教団の影響力であろう。

イスラーム原理主義あるいはファンダメンタリズムという表現が適切か否か、むしろイスラーム復興運動あるいはイスラーム主義、あるいは政治的イスラームという用語の方がより好ましいのではないか、という議論は、いまなお決着がつかない状況にある。そうした議論は別にしても、中東イスラーム世界では多くの国々で七〇年代以降イスラームあるいは宗教が政治的、社会的に果たす役割が高まったのは確かであろう。そしてそうした変化の背景や原因がこれまでさまざまな形で検討されてきた。その際、エジプトでは、コプトを含めてエジプトの人々の宗教意識が六〇年代後半から高まりはじめたことは、注目される。その背景には、中東の国際関係の変動、すなわち六七年の第三次中東戦争でエジプトはじめアラブ諸国が敗北し、ムスリムの聖地のひとつであるエルサレムをイスラエルに占領されたために、その喪失感がエジプト人の宗教意識を痛く刺激したという重要な契機があった。しかし、すでにそれより以前の五〇年代にナーセル大統領の下でイスラームが「国有化」（それは具体的には、宗教裁判所の廃止や公共ワクフ（寄進財産）の国有化、あるいは政府の掌管する大学へのアズハルの再編、さらにはワクフ（宗務）省によるモスクや宗教組織の監督などである）されて、政府の統制下におかれるようになったことで、逆説的に国民の宗教への関心を高め、その結果宗教意識が次第に高まっていた。中東戦争での敗北後、政府は自己の統制下に置いたアズハルを中心とするイスラーム体制派組織を動員して、国民の士気の高揚を試みた。どちらかといえば世俗的な政策を追求してきたナーセル政権であったが、敗北の痛手から早急に立ち直ることが緊急の課題であった。いずれにせよ、それ以降エジプトでは、イスラームへの回帰現象があらわれた。その延長上で、七〇年代になるとサダート大統領は、十月戦争を「ラマダーン」戦争や「バドルの戦い」などイスラーム史上で重要な象徴を用いることで、国民の宗教感情をさらに高めたのであった。政権初期のサダートは、ナーセルのようなカリスマ性を欠如させ、国民の間では政治的指導力が評価されていなかったことも、国民を動員するためにサダートが宗教に訴える手法をとったことのひとつの理由であった。このような中で、国民生活においては、服装や生活スタイルにおけるムードとしてのイスラーム化がまずはじめに顕在化した。運動としてイスラーム化を推進する集団がその後多数あらわれるに至ったのである。事実上活動の範囲を狭められてきたコプト教徒の間にも、同様に宗教意識の高まりが見られていたが、「宗教は神に、祖国はすべての人々に」あるいは「ひとつの国民、ひとつの祖国」という、かつてイギリス支配に対する独立運動を支えたイデオロギーの枠組みの中に、宗教的少数派としてはとどまらざるをえなかった。これに加えて、七〇年代には、イスラエルとの和平交渉の進展や欧米諸国への経済の開放政策など国際関係が急転する中で、国民の多数をなすムスリムと少数派コプトとの関係には、長い間保たれてきた国民統合を揺るがしかねない深刻な対立や緊張が生まれるようになったことは注目される。

こうした社会不安を生み出した背景として言及すべきもうひとつの変化は、七〇年代半ばからはじまった湾岸産油国への多数の労働力の移動にともなう社会の流動化である。エジプトでは家事や建設などの単純労働から大学教師や技術者などの高度の熟練労働に至る幅広い職種で人々が湾岸諸国やリビアに出稼ぎに向かった。その家族など直接あるいは間接的にこうした労働移動にかかわったエジプト人は、膨大な数に及び、その規模は、おそらく過去数世紀において最大規模のものであったと推測されている。七〇年代末にカイロ大学政治経済学部に客員として筆者が滞在した際に、学部では多くの教官が順番に「出稼ぎ」に出ていた。当時の学部の同僚から聞いたところでは、エジプトの大学では合計で七年間の長期休暇が認められているが、通常の平均的な出稼ぎ期間は、二年からせいぜい四年であったが、湾岸の産油国でもしも七年間続けて働いたとすれば、カイロ大学で三〇年間働いたと同じほどの額の収入を確保しうるとのことであった。産油国では給与はドル払いであり、多くの場合、住宅は無償で提供され、また金を消費する場所も限られていたからであった。大学の教授にとっても、湾岸産油国はそれだけ経済的には魅力的な

「出稼ぎ労働」先であった。経済の自由化政策の導入によって、当時は国内のインフレが進行しており、住宅や自家用車の価格が高騰していたために、出稼ぎで得られた資金がそれらの購入にあてられることが多かった。こうした出来事は、エジプト人の生活にさまざまな影響を及ぼすものであったし、いまなお及ぼしている。莫大な額の海外送金やオイル・マネーが短期間のうちに国内に流入したためにひきおこされる消費文化の拡大、あるいは出稼ぎ労働者を出した家庭の母子家庭化などの家族構造の変化、出稼ぎの有無による経済的な格差の拡大など、エジプト社会にはそれまでにはなかったような顕著な変化が生じたのである。当時、ひとびとはそうした流動化の激しい時代に生きていたのである。

③経済

エジプトの通貨は、ポンドであり、LE（エジプトの新聞ではしばしばELと逆に書かれる）と表記される。一ポンドは一〇〇ピアストル。為替レートは、二〇〇〇年のはじめの時点では、一ドル＝約三・四二ポンドであり、日本円に換算すると、一エジプト・ポンドは三〇円位といったところである。九〇年代におけるエジプト経済のパフォーマンスは、マクロの面で見ると優れた成績を示したと評価され、中東諸国の中では例外的な数値であった。まず、国民ひとり当りGNPは九四年には三七二〇ドルにまで増加したし、インフレ率も、八〇年代には平均一〇・六%（一九八〇―八八年）と高かった（八九―九〇年度には三〇%との数字もある）が、九〇年代には減少の傾向を示し、九三―九四年度には九%、九四―九五年度には九・四%へと減少した。外貨準備高も著しく増加したほか、財政赤字も、八〇年代後半におけるＧＤＰの約二〇％から九〇年代半ばの数％以下へと、大幅に縮小した。しかし、他方で雇用問題は依然として深刻である。九〇年代末の時点で、新規雇用と失業者の雇用を合わせて約七〇万人分の仕事が創出されねばならないとされるが、これは現在のエジプトにとっては極めて困難な目標である。

エジプト経済を支える主要な収入源は、海外労働送金、スエズ運河通航料、石油・ガスの輸出、観光、および外国援助によって構成されている。しばしば指摘されるように、これらはいずれも外生的性格を有するものであり、そのためにエジプト経済を国際環境からの圧力に対して弱い体質にしてきた。経済体質の改善、構造改革は、長期間の時間を必要とする性格のものであるから、国際環境の状況に歳入の規模が左右されるということは、長期的に見てエジプトの経済成長を不安定にしており、またそれだけ国際関係がエジプトにとっては重要性を帯びざるをえない。

④国際関係

サダート大統領は、七〇年代はじめにソ連の軍事顧問団を追放したのに続いて、対ソ関係を清算する一連の措置をとった。その結果、六七年の第三次中東戦争での敗北後、軍事的に大きく依存してきた対ソ関係は、悪化の一途をたどり、対ソ関係の修復は、八〇年代半ばまで長い年月を要することになった。ソ連に代わって、エジプトはアラブ産油国の経済的な支援にたよったが、七〇年代末からはアメリカの大規模な軍事的、経済的援助に依存するようになり、国際関係において対米関係が最も重要視されている。しかし、指導者および多くの知識人は、アメリカへの過度の依存が生み出す危険をよく認識しており、自立的な国際関係への願望と指向が強く、対米関係を大きく損なわない範囲でできるだけ多角的な外交関係を形成しようとしてきた。それは、枝葉末節的な、あるいはジェスチュアとの感じは免れがたいが、近隣の最も重要な領域であるアラブ外交を筆頭にして、ヨーロッパ（とくにフランス）、非同盟、アフリカ、およびアジア（とくに中国と北朝鮮）へと多方面にわたっている。

七〇年代におけるエジプトの対外関係の転換およびアメリカを中心とする西欧先進諸国への依存の状況は、エジプトの全輸出入の相手先の構成とその変化を一瞥することで八〇年代には経済的依存をさらに深めたことが確認できる。ＩＭＦの貿易統計年鑑を利用したＢ・コラニーの研究によれば、全輸入の構成では、先進市場経済諸国からは七五年に六五・八％、八〇年に七二・五％、八三年には七八・八％へと増加したが、中央管理型経済諸国（ソ連・東欧諸国）からは七五年に一二・八％、八〇年に五・四％、八三年に三・五％へと減少した。一方、全輸出では、先進市場経済諸国には七五年に一四・五％、八〇年に五九・八％、八三年に七三・三％へと増加し、中央管理型経済諸国には七五年の六二・七％、八〇年の七・六％、八三年の五・一％へと減少した。こうした傾向は、その後も継続したであろうし、八〇年代末以降は、ソ連・東欧の混乱に伴い、これらの諸国との貿易関係はさらに打撃を受けたのではないかと考えられる。こうしてみると、西側先進諸国への経済的な依存は、第三世界の多くの国々の国際経済関係に共通する構造的な性格（従属的関係）を帯びたものであり、小国のエジプトにとっては、容易に変えられるものではない。政治的な展望が不透明ではあるが、どのような政治的変動や政権が生まれたにしても、構造的な依存にどう対応するかという困難な課題に取り組まねばならない。

4 一九九〇年代のエジプト政治

①政治参加の閉塞化

一九九〇年代のエジプト政治を特徴づけるものは、武闘派あるいは過激派イスラーム主義者によるテロ活動に代表される社会不安の増大と継続であり、統治エリートおよび支配機構と社会の溝の拡大であった。このふたつは相互に関連するものであった。

まず、テロに関しては、たとえば、一九九四年一二月に発表されたエジプト人権組織の報告書によれば、九〇年から五年間にテロで殺害された人数は、五〇〇人以上に及んでいた。その数は、年々急増する傾向にあるといわれ、九三年には二〇〇人をこえ、九四年には一〇カ月間に二二五人に達したとされた。テロの対象も、外国人観光客、銀行家、人道主義団体、学者、作家へと無差別的に拡大する様相をみせた。一方で、上エジプトではとくに警察による「超法規的」な疑いの濃い行為も増加しているとされた。

八〇年代にムバーラク政権が野党に対して示したどちらかといえばソフトな政治手法は、九〇年代になると変化を見せ、反対派に対しては著しく強硬な姿勢を貫くようになった。その始まりは、九二年七月における刑法および最高国家治安裁判所法の修正であった。その結果、国家の安全および公共の秩序に対するあらゆる犯罪は、もっぱら最高国家治安裁判所の管轄下におかれることになり、手続き上の問題を除くとその判決に対して上告が不可能となった。同時に、刑が一段と厳しいものに変更されたのである。

つぎに、それまでは例外的とされていた民間人の軍事法廷での裁判件数が増加したことである。たとえば、九二年には四八件、九三年には三一二件、九四年には六五件、九五年には一四三件、九六年には七〇件と多数に及んだ。その結果、死刑判決を下された民間人の数が増加した。またハサン・アルフィー前内相によれば一万人以下とされる政治犯の数も、おそらく急激に増加したと推測される。

さらに、九二年一二月には政党法が修正されたことにより、新党を創設しようとするものは、正式に政党の結成が承認される前に、外国の資金を受領したり、その政党の名のもとにいかなる政治活動をも行うことを禁じられることになった。九〇年以降いかなる新政党の申請も政党審査委員会によって承認されていなかったし、新たに設立された七つの新党は、いずれも行政裁判所によって合法化されたものであったから、この政党法修正は、国民の政治参加をさらに狭めようと意図したものであった。

政治参加の閉塞化を示すもうひとつの事例が、九〇年代に行われた二回（九〇年および九五年）の人民議会選挙であった。まず、民族進歩連合党（タガンムウ）やウンマ党などを除くと主要野党がボイコットした九〇年選挙では、立候補者総数に占める無所属候補の数が政党所属候補者の約四倍にも達するほどの割合を示したことが注目された。カイロ大学のアリー・ヒラール・デスーキー教授（現在は青年・スポーツ相）が指摘するように、これは、既存の諸政党が社会に存在する政治的利害や傾向を反映していないこと、つまり、政党が社会の現実から掛け離れていることを示すものであった。投票結果では、与党国民民主党では同党から立候補した者が二五五人、無所属候補者では一七七人がそれぞれ当選し、議席総数に占める与党の割合は、当初は五八％ほどであったが、選挙後無所属候補者の一三〇人が与党に加入（実際には復党）した結果、同党は議会において三八五議席（八六％）の多数を占めるに至った。この他、九〇年選挙では、与党が同党の選挙候補者リストにコプトと女性とを十分に加えなかったこと、前例を見ない程の暴力が行使されたこと、大量の金がかなりの候補者によって使われたことなど、それ以前の選挙との違いが注目された。

つぎに、九五年選挙をみてみよう。この選挙においても、前回の九〇年選挙と同様に、与党所属候補の不正行為や公共部門の車の利用など公的な支援や野党候補への干渉や妨害などが見受けられたが、それらは、前例のないほど大規模であった。たとえば、カイロ郊外のマディーナト・ル・ナスルではＮＤＰ候補が、選挙人登録者に加えて一〇万人以上の架空の名前や非在住者の票を獲得した。また選挙戦の直前に政府は数人の著名なムスリム同胞団メンバーを軍事法廷に送った。それまでは武闘派と見なされた者だけが軍事法廷に送られていたので、今回政府がとった措置は、選挙に臨むムスリム同胞団への重大な警告であった。それはまた選挙民に対しても、同胞団候補に投票することへの警告ともなった。選挙結果は、四一七議席（九四％）を与党ＮＤＰが獲得し、野党はわずかに一四議席を確保するにとどまった。そのうちで六議席を占めたワフド党が野党第一党となった。イスラーム主義者とされる有力な候補者、たとえば、ムスリム同胞団のマアムーン・アル・ホデイビー、弁護士協会事務局長セイフル・イスラーム・ハサン・アル・バンナー、労働党書記長アーデル・フセイン、そして労働党党首イブラヒーム・シュクリーらはいずれも落選し、無所属で立候補したムスリム同胞団メンバーがわずかにひとり当選しただけであった。

このように国政選挙の場において政治参加が著しく狭められることになった結果、政治的対立の場は、中間層の利益を最も代弁する場である専門同業組合へと移行する傾向を示した。九〇年代の前半は、組合執行部の役員選挙が政府・与党とイスラーム主義者との政治的対決の場となるに至った。しかし、総じて、九〇年代には国政レベル以外の場においても、政府によって政治参加の機会がより強く規制される方向に向かった。

九二年九月に行われた弁護士協会選挙においてムスリム同胞団などのイスラーム勢力が勝利を治めるに至ったが、すでにそれまでに医師協会、エンジニア協会、薬剤師協会、歯科医師協会でイスラーム勢力の勝利が続いてきていたから、政府は危機感を抱き、翌年二月に専門同業組合選挙法の改正を強行した。その内容は、司法機関の監視下で同選挙が実施されること、さらに一回目の投票率が組合員の半数に満たない場合、あるいは二回目の投票率でも三三％に達しない場合には、選挙を無効とするというものであった。さらに九五年五月には、人民議会は刑法と刑事訴訟法を改正し、マスコミ報道による名誉棄損などについて罰則の強化をはかった。この他、九四年四月にはそれまで選出されてきたウムダ（村長）を内相による任命制へと変更する法が成立した。また同五月にはそれまで学部の教員によって選出されてきた大学の学部長の選出も変更され、大統領によって任命される学長によって学部長が任命されることになった。

一連のこうした法改正を通じて、政府は反対派の排除を強硬に推し進めようとしたのであった。おそらくそうした動きの背後には、経済改革を本格化させるためにも反対派の封じ込めを必要とした政府の事情があった。極めて慎重に進めてきた経済改革を同じペースでこれ以上進めると、国際的な圧力にもはや抗しきれなくなるとの政権の読みがあったと考えられる。

②経済改革への本格的な着手

経済改革の実施は、八〇年代の半ばに原油価格が低落して以降、ムバーラク政権にとっては回避することが困難な課題となっていたが、他方で国内政治的に相当な反発を招きかねない状況を抱えていたために、なかなか断行しえない状態にあった。しかし、九〇年から九一年にかけて経済改革と構造調整への国際的な圧力が強まるとともに、またそれに連動してアメリカがエジプトの改革を支援する動き（エジプトの債務免除）を示す中で、エジプトは経済改革にようやく本腰を入れ始めることになった。しかし、セドキー内閣は、民営化計画への積極的な取り組みという点では必ずしも肯定的な評価をエジプト内外において与えられてはいなかった。したがって、ムバーラク政権としては、九六年一月早々ガンズーリー副首相を首相とする新内閣を発足させ、その下で民営化計画の実施を速めることを余儀なくされたのであった。この時期には、政府部内においては民営化に批判的あるいは消極的な閣僚は閣外に去っていたほか、左翼政党の労働組合への影響力が減退して、中央では労組も封じ込められ、また専門家による批判も次第に弱まり孤立化する傾向が生まれていた。ガンズーリー新内閣では、首相を委員長とする民営化閣僚委員会が民営化計画の決定を積極的に行い、九六年一〇月には二年間に及ぶＩＭＦとの交渉が合意に達した。

③実業家団体の政治的影響力の高まり

ガンズーリー内閣の発足とともに、政府と実業家との間には緊密な関係が生まれるに至った。とくに、エジプトにおいて最も著名な実業家団体であるエジプト実業家協会（Egyptian Business-men's Association：EBA）による市場経済化のための活発なロビー活動が注目されていたが、九〇年代半ばには民間部門の利益を代弁し、政策形成に一層大きな影響力をもつ強力な利益集団になりつつあった。エジプト実業家協会のロビー活動は、まず与党ＮＤＰの経済委員会の内部で影響力のあるグループとなったことであり、またほとんどの県で実業家団体の設立を促したことであった。さらに有力な元閣僚や公共部門経営者らを名誉会員として迎えたこともその一環であった。例えば、フアード・スルターン元観光相、アブデル・アジーズ・ヘガージー元首相、オスマーン・アハマド・オスマーン元住宅相などであった。さらにその会員の多くは、エジプト工業連盟

（Federation of Egyptian Industries：FEI）という影響力のある団体の指導的な会員であった。九六年の時点で、その会員は約六〇〇人を数え、およそ一五カ国の実業家団体との間に合同委員会を設立するに至っている。次に、注目されるのが一九九五年の人民議会選挙での新たな動きであった。その選挙では多くの実業家が立候補し、そのうち四一人が当選したことであった。その中で一六人は、エジプト実業家協会とアメリカ商工会議所（American Chamber of Commerce in Egypt）の会員であった。かれらの多くは与党ＮＤＰのメンバーであり、選挙後には人民議会において経済委員会や企画・予算委員会、あるいは住宅委員会など主要な委員会にメンバーとして所属し、経済政策にかかわる政策形成により大きな発言力をもつロビー活動をなしうる地位を確保しつつある。

第一章　人口変動と社会　—政治の社会的基盤—

1　はじめに

一九五二年革命で成立したナーセル政権以降のエジプトの統治者にとって、食糧と雇用をいかにして国民に確保するかが、最も重要な政治的な課題のひとつであり、それは今日においても少しも変化していない。本章では、のちに取り上げる経済改革と外交政策の問題に深くかかわる食糧と雇用という二つの問題の背後に存在する人口問題を中心に取り上げることによって、エジプト社会の変化を考察しようとするものである。食糧と雇用の問題は、いずれも人口動態という社会変動を規定する最も基本的な要因と深くかかわるものである。人口、食糧、雇用の問題は、エジプト一国の問題にとどまらず、今日なお多くの途上国に共通する課題として突きつけられている。したがって、人口変動およびそれと関わる諸問題を社会変動を考察する際の切り口として設定することは妥当であろう。本章では人口動態とそれが生み出すいくつかの経済的、社会的な諸問題を取り上げるが、それらは相互に複雑に結びついており、そうした連関のありかたについて考察することも重要であるが、ここではそれらを項目別に、つまり並列的に記述する方法をとった。

2　人口の変動

①人口動態

第二次世界大戦後から今日までのエジプトの人口動態を概観すると以下のように要約することができる。人口規模に関しては、一九四七年の一八九六万人から一九九六年の五九三一万人へと五〇年間に三倍以上も人口が増加し、この時期の全体的な傾向としては著しい増加を特徴としてあげることができる。中央動員・統計局（ＣＡＰＭＡＳ）の発行する『統計年鑑一九九二―一九九八年』（一九九九年六月）によれば、一九世紀末に人口統計調査を開始してから今世紀末までの期間の年平均人口増加率は表1のとおりであった。

この表が示すように、一九四七年以降における平均増加率の上昇は大きなものがある。人口増加の主たる原因は、出生率と死亡率との差による自然増である。一九六〇年代半ばから一時的にその増加が鈍りはするが一九八〇年代半ばまで増加傾向が続いたと見なすことができる。しかし、一九九〇年代に出生率が低下するに伴い、増加率に低下傾向が見られ始めた。このように第二次大戦後の人口の著しい増加傾向と近年における増加率の停滞・低下という二つの局面をもっていることが注目される。ただ、最近では増加率が低下しているものの、人口の絶対数の上では増加は続いている。

表1　人口増加率の変化（1897－1996年）

期　間（年）	年平均増加率（%）
1897－1907	1.46
1907－1917	1.28
1917－1927	1.09
1927－1937	1.16
1937－1947	1.75
1947－1960	2.34
1960－1966	2.52
1966－1976	1.92
1976－1986	2.75
1986－1996	2.08

（出所）中央動員・統計局（CAPMAS）『統計年鑑1992－1998年』1999年，16頁。

つぎに人口動態について平均余命、乳幼児死亡率、都市と農村の人口比率などいくつかの指標の変化を、前述の中央動員・統計局発行の『統計年鑑』や国家計画研究所（INP）の『人的資源開発報告書一九九七—九八年』（"Egypt Human Development Report 1997–98"）を参考にしながら検討してみよう。

平均余命は、一九七六年の五五歳から一九九六年には六六・七歳へと二〇年間に二〇％以上の伸びを示した。この変化は女性の平均余命の伸びを反映している。一九九六年に女性の平均余命は六七・九歳であり、男性のそれに対して三％高い数値を示した。また、一〇〇〇人あたりの

表2　年齢5歳階級別人口（カッコ内は1986年センサスにおける割合）

年齢層	割合（%）	（1986年）
5歳未満	11.6	(15.3)
5歳以上	12.9	(13.1)
10－	13.3	(11.6)
15－	11.6	(10.5)
20－	8.6	(8.8)
25－	7.4	(7.7)
30－	6.7	(6.3)
35－	6.5	(6.1)
40－	5.3	(4.4)
45－	4.5	(4.0)
50－	3.4	(3.5)
55－	2.5	(2.6)
60－	2.4	(2.3)
65－	1.6	(1.4)
70－	1.0	(1.1)
75歳以上	0.8	(0.8)

（出所）『統計年鑑1992－1998年』24および26頁。なお，海外在住のエジプト人は含まれない。

乳幼児死亡率は、一九六一年の一〇八から一九九六年には二八・七へと大幅に減少した。

つぎに年齢別に見た人口構成をみることでいわゆる人口ピラミッドの特徴を把握するとともに、その動態を予測する手がかりを得てみよう。一九九六年、つまり最も新しい人口センサスの結果によれば、それは表2のようであった。

この表からは二〇歳未満の年齢層が人口全体の半数を占めていることが判明する。すなわち、二〇歳未満人口は一九九六年には四九・四％、また二五歳未満は五八％を占める。なお、カッコ内の一九八六年センサスではそれぞれ五〇・五％、五九・三％であった。このように人口構成のうえで若年層が大きな比重を占めるのは、第三世界の国々に共通する傾向であるが、その一例をこの表は示している。一方で、一九九六年と一九八六年の数値を比べると、人口の裾野に変化が見られることがわかる。すなわち、人口ピラミッドの形が八六年の比較的整然とした三角形から、九六年には一〇歳未満人口が尻つぼみ状態を示すものへと形を崩している。おそらくエジプトの人口増加は八〇年代半ばにピークに達し、今後緩やかにではあるが、底辺が尻つぼみのこうした傾向が続くものと予測される。

②都市化

都市と農村の人口構成の変化をみると、一九六〇年に都市人口は三八％であったが、一九七六年には四三・八％、一九八六年には四四％、一九九六年には四二・六％へと推移した。このように都市人口の増加は一九八六年の人口センサス実施以降鈍化する傾向を示した。年平均増加率で

表3　都市の人口規模別構成比（1966－1996年）（%）

都市の人口規模	1966年	1976年	1986年	1996年
50万人以上	54.8	53.1	54.6	51.8
30万～50万人未満	——	2.4	8.2	10.7
10万～30万人未満	19.4	18.2	12.7	13.5
5万～10万人未満	5.8	7.8	10.5	13.6
2万～5万人未満	15.1	13.4	12.1	9.3
2万人未満	4.9	5.1	1.9	1.1
合計	100.0	100.0	100.0	100.0

（出所）店田廣文「エジプトの人口変動と都市化」『現代の中東』第27号，1999年9月，83頁。

見れば、一九六〇年―一九七六年の時期の平均三・〇%から一九八六年―一九九六年の時期の一・八%へと減少したのであった（『人的資源開発報告書一九九七―九八年』一二三頁）。

最近の時期における都市人口の増加の鈍化傾向にもかかわらず、二〇世紀を通じた都市・農村人口の変化を眺めると、その初頭において一七・二%であった都市人口が両大戦間における急激な都市化の進展をバネにして一九七〇年代半ばまで増加の一途をたどったことを最初にとらえておく必要がある。つぎに重要な変化は最近における地方の中小都市の発展である。これは一九六六年から一九九六年までの時期の都市人口の変化を分析した最近の店田教授の研究（表3）によれば、一九八六年以降の一〇年間に五〇万人以上の大都市人口が都市人口全体の中に占める割合が大幅に低下した一方、それ以下の中小都市の人口比率が上昇

図１

	都市	農村
下エジプト	Ⅰ	Ⅲ
上エジプト	Ⅱ	Ⅳ

した。ことに三〇万から五〇万人未満の都市や五万から一〇万人未満の小都市での増加が著しい。

地方の中小都市のこのような発展が、その周辺の農村部の人々の生活にこれからどのような影響をあたえるのかが注目される。カイロなど大都市の生活環境が一層劣悪化する中で、地方都市へのUターン現象が近年生まれているといわれるが、この表はそうした動きを物語っている。

ところで、都市／農村の人口構成と、すでに表２で言及した人口構成とを関連づけてみると、どんなことが言えるであろうか。表２はエジプト全体の人口構成を示したものであるので、人口構成における都市と農村の違いや地域的な差異、さらに男女の性差をも加えて、より正確なエジプト社会の全体像を描いてみよう（図１参照）。ここでは八六年センサスに基づく研究によれば、性別人口構成を、都市／農村、下エジプト／上エジプトという区別によってみれば、都市／農村の差異は農村では男女とも二〇歳以下の人口の裾野部分が厚く、また二〇歳から四〇歳までの男性の割合が少ないことであるが、この点で上エジプト地方は農村の人口構成に類似した特徴を示している。上エジプトを都市／農村に分けてみると、上エジプト都市部では人口の裾野部分は都市型に近く割合が少なくなっているが、同時に二五歳から四〇歳の年齢層が少ないという農村型の特徴をもち、いわば都市／農村の中間型をなしている。一方、上エジプト農村部は、農村部の特徴をより強調した人口構成を示している。

③人口変動の社会学　―人口増加の減少が生み出す社会的圧力―

すでに指摘したようにエジプトの人口は、八〇年代半ばを境として人口増加率が鈍化あるいは減少する傾向が生まれている。実はこうした変化は、エジプト一国に限られた現象ではないことに注意する必要がある。表4が示すように、一九六〇年代半ばから九〇年代半ばの時期に中東のどの国でも人口規模が飛躍的に増加したが、同時に女性一人あたりの平均出産数も著しく減少している。平均で七人から八人の子供をもった大家族が中東諸国では一昔前はごく当たり前であったが、それが一九九〇年代には少なくなり、自分たちが育った家族の規模の半分ほどの小さな家庭をもつ若い親たちが中東の多くの国々に出現しているのである。このような家族規模の変化に示される人口増加の安定化、あるいは人口増加率の低下は、社会的な要求が鈍化したり、弱まったりすることを意味してはいない。むしろ女性の教育機会の拡大や、女性の結婚年齢が遅くなるという共通の傾向と結びついて、先進諸国の場合と同様に、社会的な要求が高まると考えた方が妥当であろう。

エジプトの人口増加と最近におけるその鈍化と低下は、医療・保健サービスの改善と初等教育

表４　中東諸国の人口増加と女性の平均出産数の変化

国　　名	人口規模（1000人）		１人あたり女性の平均出産数	
	1965年	1995年	1960－65年	1990年代半ば
アルジェリア	11923	28058	7.4	4.4
バハレーン	191	558	7.2	3.4
エジプト	31563	62282	7.1	3.6
イラン	24663	62324	7.3	2.8
イラク	7976	20095	7.2	5.7
イスラエル	2563	5566	3.9	2.9
ヨルダン	1962	5734	8.0	4.4
クウェイト	471	1690	7.3	3.2
レバノン	2151	3009	6.4	2.4
リビヤ	1623	4967	7.2	4.1
モロッコ	13323	25966	7.3	3.3
オマーン	631	2155	7.2	7.1
カタル	70	548	7.0	4.1
サウジアラビア	4793	18253	7.3	5.7
スーダン	12359	26617	6.7	4.6
シリア	5325	14200	7.5	4.2
チュニジア	4630	8943	7.2	3.2
トルコ	31151	61276	6.1	2.6
UAE	144	2210	6.9	4.9
イエメン	5843	15022	7.6	6.7

（出所）Sally Ethelston, “Water and Women:The Middle East in Demographic Transition” Middle East Report, No.213, Winter 1999, p.9.

の普及の結果という側面をもっている。若年層の比重の大きさについてはすでに言及したが、ことにその中で都市部に集中する中等教育以上の教育を受けた社会層による住宅や雇用に対する要求の高まりが今後一層無視できないものとなろう。その要求は、女性が教育に接近する機会をさらに拡大させるにつれて生ずる女性の社会的地位の変化によって、一層強まるであろう。さらには経済改革の導入によって国民内部に経済的な格差が拡大される傾向があることを考えれば、人口増加の鈍化と低下を迎えるこれからの時代には人口の右肩上がりの局面にはなかった社会的な圧力に向き合わざるを得ないであろう。

④人口変動と教育

エジプトの豊かな人口は人的資源として近代的な社会と国家を支える基盤であり、したがって教育の対象とされてきた。第二次大戦後に人口増加を経験する中で、どのように初等教育の普及や高等教育の拡大がなされ、またその過程においてどのような問題が発生してきたのだろうか。

教育の分野におけるエジプトの実績は、めざましいものであった。まず一五歳以上人口における識字率は、一九六〇年の二五・八%から一九九六年の五五・五%へと拡大した。その中でも女性の識字率が一二・五%から四三・五%へと著しく増加したことが注目される。初等教育の機会も、一九六〇年の六八%から、一九八〇年の七三%、そして一九九六年の九七%へと拡大の一途をたどった。こうした変化に伴い在籍生徒数も増加し、公立の学校のそれは、九〇年代初頭に一二五〇万人から一九九六年には一五〇〇万人に達した。女子の初等教育在籍者の拡大がこの増加

表５　エジプトの教育制度

1953年以降（－1989年）		1989年以降	
小学校(primary school)	６年間	小学校	５年間
中学校(preparatory school)	２年間	中学校	３年間
高校(secondary school)	４年間	高校	３年ないし５年間
		普通高校	（３年）
		職業高校	（３～５年）
高等専門学校(higher institute)		高等専門学校	
大学		大学	

（注）エジプトでは教育レベルを，初等ないしは基礎（basic）教育（小，中学校），中等教育（高校），および高等教育（高等専門学校，大学）と三つに区分している。

の要因となった。

エジプトでは一九八九年に制度改革が実施され、それまで六年間であった小学校（六歳入学）が五年間に短縮された。それに続いて中学校が三年間あり、この八年間が義務教育課程を構成する。その後、大学および高等専門学校からなる高等教育課程の中間に高校があるが、それには普通高校（三年制）と職業高校（三年から五年間）との二種類がある。大学進学は、普通高校を卒業して全国共通試験を受験した生徒がその点数に応じた学部への入学が許可される仕組みであるが、最近では職業高校の卒業生にも大学進学の道がひらかれるようになった。

初等教育の普及という成果がある反面で、それが実態を必ずしも十分に反映してはいないという指摘もなされてきた。地域や性差による不均衡や小学校脱落者の多さがそれである。一九

表6　学生数で見た大規模校と女子学生数（1996－97年度）

大学名	学生総数	女子学生数	（比率%）
アズハル大学	165877	46064	(27.7)
カイロ大学	147630	63371	(42.9)
アイン・シャムス大学	117369	56999	(48.5)
ザカジーク大学	111543	44389	(39.7)
アレキサンドリア大学	103530	47372	(45.7)

（出所）CAPMAS『統計年鑑1992－1998年』207－213頁。

九六年時点で農村部の識字率は四三・七％であり、都市部の六九・九％と比べて大きく立ち遅れている。また性差における識字率は、『人的資源開発報告書一九九七―九八年』によれば、女性は一九六〇年に男性の識字率の三〇％と著しい低さから一九九六年には男性の六五％へと上昇したものの、都市部の七九％に比べて農村部では五〇％と低く、依然男性との間に大きな格差が存在する。とくに上エジプト農村部では男性の四〇％とかなり低く、カイロなど四都市県全体の女性の識字率が男性の八二％であるのと比べて対照的である（一三三頁）。また初等教育における脱落率は一九九三年度には小学校で二七％にも達したとされる。

初等教育がこのような問題を抱えながらも、それと並行して大学と大学生数の増加が進んだ。並行してというよりも、むしろ大学など高等教育を重視する教育政策がとられたというほうが正確であった。カイロ大学に続いてアレキサンドリア大学、アイン・シャムス大学、アシュート大学が創設されて一九五〇年代末には学生総数は七万七〇〇〇人を上回った。

ことにカイロ大学はナーセルの死去した一九七〇年には五万人の学生を数え、一九八〇年代はじめには一〇万人を上回った。その結果、高等教育機関（大学および高等専門学校）で学ぶ学生総数は四八万人と規模を拡大させた。さらに一九九〇年代半ばには大学数は一三となり、一九九六年には在学生は一〇〇万人を突破するに至った。このように四〇年間に学生数は一三倍に膨れ上がった。性差による識字率の格差との関連でいえば、カイロを筆頭にして大都市にある学生数の規模で上位五大学における女子学生の比率の高さは、注目されるものである。一九九六―九七年度でみれば、表6のようになる。

識字率が五五・五％のエジプトの社会で大都市での高等教育に女性がこのように進出していることは、何を物語るものであろうか。都市と農村の格差の問題や高学歴女性の増加が将来生み出す社会の変化を示唆している。女性の結婚年齢が一九六九年の一九・八歳から一九九六年には二六・七歳へと高くなった原因の一つは、女性が高等教育を受ける機会が拡大されたことに求めることができよう。

教育の普及と拡大は、財源ならびに教育支出の配分の問題、教育の効率性と質の低下の問題、高等教育卒業生の就職問題など、さまざまな問題を生み出すようになった。その中でも深刻なのは雇用の問題であった。

3　雇　用

①人口変動と雇用

世銀が国連資料をもとにして推定したエジプトの経済活動人口（一五～六四歳）の将来展望によれば、経済活動人口は、一九九五年に一七九六万人を示したのち、二〇一〇年には二六六三万人、二〇二〇年には三一九八万人に増加するとされる。そしてこの期間に失業の増加を防ぐためには毎年平均で五六万人分の雇用を創出する必要があるとしている。

ここでは雇用政策、とくに大卒者を主とする高等教育卒業生を対象とする雇用政策に焦点をあててみたい。ナーセル亡き後も長らくエジプトの経済と社会に遺産として残されたもののひとつが、ナーセル政権が導入した大卒者を中心とした高等教育卒業者の完全雇用制であり、それは国家が最終的な雇用者としての役割を担うことであった。この政策は、一九六四年の法律一四号により始められ、その後一九八三年の法律八五号により永続化された。しかし、その間、一九七八年以降は公共企業では中止されたために、政府部門（行政機関ギハーズ・イダーリーと呼ばれる）の人員のみが増加した。

表7は一九七〇年代における政府部門（行政機関）職員数（軍隊を除く）の変化と労働力全体に占めるその割合を示したものである。それによると、一九七一年の一二九万人から一九七九年の二〇六万五〇〇〇人へと七七万五〇〇〇人増加した。これは平均で三・五％の伸びであった。

表7　1970年代における行政機関の人員の変遷

年	人員数（1000人）	労働力に占める割合（%）
1971	1290	14.3
1972	1398	15.1
1973	1471	15.9
1974	1660	17.2
1975	1701	16.9
1976	1779	17.4
1977	1910	18.3
1978	2025	18.9
1979	2065	21.9

（出所）アッサイイド・ガーニム編『エジプトにおける政府雇用』カイロ大学政治研究センター，1992年，115頁。

一方、労働力は全体では七二五万二〇〇〇人から九五六万五〇〇〇人へと二三一万三〇〇〇人増加した。したがって、政府職員の増加は労働力全体の増加の六〇%を構成した。

一九七〇年代のこうした変化は、第二次大戦後のより長い時間の中で眺めると、一層明確に捉えることができる。J・ウォーターベリーが指摘したように、一九四七年におよそ一六万五〇〇〇人の規模であった政府職員数が、一九六二年には七〇万人を越え、一九六四年には八九万人、さらに一九六六年には一〇〇万人に達したのであった。一九六〇年代はじめから一九七〇年代末までの時期にそれは三倍に拡大した（Waterbury, 1983, p.242）。一九七〇年代にサダート大統領によって導入されたイン

表８　国家部門の雇用の変化（1993年－1998年）（1000人）

年	政　府	公共および公共ビジネス部門	合　計
1993	3724	1340	5064
1994	3899	1317	5216
1995	4105	1281	5389
1996	4292	1249	5541
1997	4601	1201	5802
1998	4617	1106	5723

（出所）CAPMAS『統計年鑑1992－1998年』307頁。

フィターハ（開放）政策の時期においても公務員数が増加していることが注目される。

ところで、国家の雇用（国家部門）を構成するのは、このような政府部門の人員に加えて、公共部門および軍隊が含まれているので、これらすべてを合わせると、国家の下で働く人口は、労働力全体の中でかなりの部分を占めるに及んだ。Ｎ・アユービー教授によれば、国家部門の人員は一九八〇年代も増加しつづけ、その半ばにおいては約一三〇〇万人の労働力全体の四〇％を構成した。その内訳は公務員が三四〇万人、公共部門が一六〇万人、そして軍が五〇万人であった（Ayubi, 1989, p.62）。

その後一九九〇年代に入ると一九九一年六月に成立した「公共ビジネス部門法」の施行によって公共部門の再編が行われ、新たに公共ビジネス部門という枠組みが導入された結果、国家部門の構成がやや複雑化するに至った。ＣＡＰＭＡＳの資料では公共部門と公共ビジネス部門を合算した雇用数をひとつのカテゴリーとして提示し、それに政府部門の雇用数を加えて、国家部門としているが、それによれば、一九九〇年代の人員数の増加は表8のとおりであった。

これらの数値は、エジプトの行政開発国務省や世銀の報告書の数値と一致はしないが、ほぼ同じ規模を示しているので、九〇年代の変化を物語るものと見なしうる。五年間に公共部門および公共ビジネス部門の再編・縮小がゆっくりとすすめられた様子をこの表から伺うことができる。また軍隊は除外されてはいるが、上の表での合計数が労働力全体に占める割合はほぼ一／三であり、一九八〇年代に比べると国家部門で働く雇用数の比重が若干低下したことを示している。したがって、民間部門において雇用創出能力をいかにして生み出すかが課題として突きつけられている。

②失業

『人的資源開発報告書一九九七―九八年』によれば、一九九六年における失業率は労働力全体で八・九%とされ、女性は二〇・三%、一五歳から二九歳までの成人で二〇・一%となっている。また一五歳以上の失業率を教育レベル別に見ると、中等教育レベルで二二・三%、大学レベルでは八・七%とされる（一二三頁）。同報告書がそのテクニカル・ノートおよびデータ源の部分で述べているように、労働力と失業に関して利用した人口センサスと労働力サンプル調査は厳密には比較するのが困難なものであり、上で紹介した数字は正確さの点で必ずしも問題がないわけではない。しかし、ここではとりあえず利用しておきたい。

表9　学歴別失業者の分布（%）

学歴レベル	1960年	1976年	1986年
読み書きできない	44.2	16.4	14.7
読み書きできる	28.2	7.7	9.4
初等教育	7.0	35.9	29.8
中等教育	16.8	24.4	29.6
大学および高等教育	3.1	6.7	9.2
その他	0.7	8.9	7.3
合計	100.0	100.0	100.0

（出所）ガーニム編『エジプトにおける政府雇用』1992年，119頁。

一九八〇年代以降の雇用問題の核心は、中等教育あるいは高等教育レベルの学歴を有する人々と卒業者雇用保証制度によって政府職員の地位を希望する人々の間に失業が増加したことであった。それは学歴別の失業分布を示した表9から伺い知ることができる。

この表によれば、一九六〇年から一九八六年の時期において失業者に占める中等教育および大学卒の学歴を持つ失業者の比率に持続的増加の傾向が存在している。その割合は一九六〇年の一九・九%から一九八六年には三八・八%へと倍増しているし、大学および高等教育レベルでは三倍にも増加している。他方で、読み書きなし（無学歴）層の割合は、この期間を通して減少傾向を続けている。一九六〇年以降における教育の普及と拡大がこうした失業者層の構成の変化に反映されている。

ここで高学歴失業者の規模を明らかにするために、エジプトの大学卒業者とその中での就業者数の変化を

表10　大卒者数の変遷（1966－1996年）

年　度	卒業生数	年　度	卒業生数	年　度	卒業生数
1966－67	21111	1976－77	66186	1986－87	115056
1967－68	20739	1977－78	69210	1987－88	112615
1968－69	21477	1978－79	75695	1988－89	105589
1969－70	23016	1979－80	76125	1989－90	106261
1970－71	26813	1980－81	82314	1990－91	108276
1971－72	29314	1981－82	86841	1991－92	103366
1972－73	31516	1982－83	93660	1992－93	97157
1973－74	34117	1983－84	106622	1993－94	93860
1974－75	41916	1984－85	115744	1994－95	100119
1975－76	55430	1985－86	119216	1995－96	125910
				1996－97	136653

（出所）ガーニム編『エジプトにおける政府雇用』122頁およびCAPMAS『統計年鑑』をもとに作成。

見てみよう。大卒者数は、一九六六―六七年度の二万一一一一人から一九七六―七七年度の六万六一八六人、一九八五―八六年度の一一万九二一六人へと増加した。そして一九六六―六七年から一九七五―七六年の一〇年間に約三〇万人が卒業したが、この時期にはその大多数、すなわち二四万六一六〇人が新規労働力として労働市場に参入することができた。一九七〇年代後半（一九七六―七七年度から一九七九―八〇年度）には大卒者は約二八万人に達したが、そのうちで就職できたのは約一八万人であった。つまり、残りの約一〇万人の高学歴者が仕事を求めているが見出し得ないのであった。この時期が失業問題が顕在化する始まりとなった。一九八〇年代には問題は深刻化した。すなわち、一九八〇―八一年度から一九八五―八六年度の六年間に大学を卒業した者は約六〇万人に達したが、そのうちで新規に就職した者は、わずかに二〇万人に過ぎなかった。さらに一九七六―七七年から一九八五―八六年までの一〇年間の時期で見れば、高学歴失業者数は五〇万人に及んだのであった。（ガーニム、一九九二年、一二〇―一二三頁）以上の変化をさらに一九九六―九七年度までにわたって示したのが、表10である。

③経済改革期における雇用の問題

一九九〇年代になり経済改革がようやく本格化して導入された制度の一つが早期退職制度であった。というのも、一九九一年に始められた公共部門企業の売却計画はある程度進展したものの当初の計画どおりには進まず、九六年をピークにその後は停滞状態となった。アーテフ・ウベイド公共ビジネス部門相（現首相）が一九九七年に語ったように、一九九三年に同氏がそのポストに就任して以降、その指導力によって三一四の公共部門企業の中で損失を生み出す一〇八の会社を八三にまで削減することができた（*Al-Ahram Weekly*, 30 October-5 November 1997）。しかし、売却されたものは最も利益を生み出しうる会社や投資家にとって魅力ある企業がほとんどであったから、残された公的企業の民営化の展望は楽観を許さないものであった。民営化実現のためにはいくつかの大きな課題と取り組まねばならなかった。未売却財産の処分や莫大な負債の決済などと並んで、労働力の大幅削減問題がそのひとつであった。

一九九三年から政府はおよそ一一〇万人の公共部門労働者の規模縮小を試みていたが、一九九七年までの四年間にわずかに二〇万人の人員削減を達成したに過ぎなかった。そこで労働力削減を促すために導入されたのが、早期退職制度であった。この制度は、四五歳から五八歳までの労働者で二〇年以上の勤続者を対象にして、一万八〇〇〇ポンドから三万ポンドの退職一時金の支給と引き換えに、早期に退職し、年金が一定の割合で減額されるというものであった。

一九九七年一〇月に政府は売却で得た収益の一部を公共部門企業の早期退職事業に割り当てる決定を行った。それによれば、同事業の第一段階として六億一七〇〇万ポンドを四一の倒産あるいは機能停止状態の企業や赤字会社のおよそ一五万四〇〇〇人の労働者を対象にして実施するというものであった。これらの労働者に年間支払われる賃金は一〇億ポンドに達していた。しかし、同事業全体では約三五万人の公共部門労働者を対象にして実施することになっていたので、一一〇億ポンドという巨額な資金が政府には必要であった（*Al-Ahram Weekly*, 23–29 October 1997）。一九九六―九七年度予算が七七四億ポンド（*Al-Ahram*, 13 June 1996）であり、一九九五年のＧＤＰが二〇五〇億ポンドであることを考えると、同事業が政府にとってもつ負担の大きさを想像することができよう。

早期退職制度に対する労働者の反応はどうかと言えば、否定的な態度が多い。たとえば、食品産業持ち株会社では傘下の六つの会社の労働者全体一万五〇〇〇人のうちでこの制度を受け入れたのはわずかに三一〇〇人であったという。労働者の間では退職一時金の額の少なさや個々の労働者の生産性や能力の違いを考慮しないことへの不満が、そうした態度の背後に存在しているとされた（*Al-Ahram Weekly*, 23–29 October 1997）。

専門家の間でも雇用問題の深刻さは引き続き関心を集めたが、政府は一九九八年一月に雇用市場を検討する閣僚レベルのワーキング・グループを設置して、雇用創出問題に対してとりうる必要な措置についての対応を迫られた。講じられた措置のひとつは、開発のための社会基金（Social Fund for Development）に二つの雇用事業を設立するものであった。そのひとつは、労働力流動化事業（Labor Mobilization Program）と呼ばれ、早期退職計画や労働者の訓練および再訓練を含むものであった。もうひとつは、小規模企業奨励事業（Micro-Enterprise Stimulation Program）であった（*Al-Ahram Weekly*, 5–11 February 1998）。

4 食糧輸入の増加

エジプトは世界の中で食糧を外部に依存する度合いの最も高い国のひとつであり、食糧をめぐる需要と供給の不均衡、いわゆる食糧ギャップに悩む国のひとつでもある。エジプトにおいて食糧ギャップを生み出した原因は、他の中東諸国の場合と同様であった。それは、一方で人口の増大が一九七〇年代の石油ブームに伴う所得の増加と結びついて、食糧への需要を高めたのに対して、気候や社会的な条件によって国内の食糧供給が制約されたためであった。そのひとつの政策的な帰結が、食糧輸入の増大であり、また小麦・小麦粉をはじめ主要な食糧への莫大な補助金による低価格での食糧の提供であった。エジプトでは国民に十分に食糧を与えることが政府にとって政治的な義務とされたからであった。それを示す最も劇的な例が、サダート政権下の一九七七年一月に発生したパンへの補助金削減による値上げに対する全国的な暴動であり、その衝撃は政権の将来を左右する出来事と見なされたほど大きなものであった。

①食糧消費量の増加

まず人口増加に伴い食糧消費量がどれだけ増加したかをみてみよう。そこでエジプト人の食生活において主食とするパン（アラビア語で「生きる」を意味するエーシュと呼ばれる）の原料である小麦を例にとると、一九七〇年に一人あたり年間で一一二kgの小麦消費量が、一九八三年には一八五kgへと増加した（Jean-Jacques Dethier and Kathy Funk, 1987, p.26）。一九八七年には小麦の輸入は九〇〇万トンに及んだ結果、ソ連、日本、中国についで世界第四位の輸入国となった。さらに国民一人あたり消費量では日本につぐ世界で第二位の地位となった。また小麦の消費と生産との間の不均衡も、一九七〇年代の半ばから著しく大きくなった。すなわち、一九六〇年代半ばにはおよそ一五〇万トンほど消費が生産を上回る状態であったが、一九七〇年代半ば以降生産量がほぼ横ばいであるのに対して消費は急激に増加した。一九八〇年には五〇〇万トン以上、さらに一九八五年には六五〇万トン以上も消費が生産を上回った（Yahya Sadowski, 1991, pp.15–16）。

②食糧輸入の増加と依存の増大

食糧輸入量は、どのように変化したのであろうか。I・ハリークによれば一九六一年にはわずかに七%であった輸入量が、一九八三年には国内消費の半分にまで増加した。輸入額では、一九七三年の四億二七〇〇万ドルから一九八一年には四四億ドルへと増加した。それに伴い食糧の輸入依存度も増大した。一九七〇年から一九八三年の時期に、小麦は四四%から七六%、とうもろこしは三%から三三%、冷凍肉は三%から二八%、料理用油は五二%から八一%、レンズ豆およびフール豆は一〇%から二〇%へと、それぞれ増加した（Iliya Harik, 1997, p.92）。

リチャーズとウォーターベリーはアメリカ農務省の報告書をもとにして一九七〇年と一九八一年の主要な食糧の自給率を比較したが、それによると、一九七〇年代における自給率の変化が著しいことがわかる。その変化は、穀類では八一%から四九%へ、植物油では五六%から三二%へ、肉では九四%から七五%へ、砂糖では一〇〇%から五二%へと割合を低下させている（Richards & Waterbury, 1990, p.144）。

食糧輸入の増加がもたらしたひとつの帰結は、財政上の負担を大きくするものであった。補助金全体の中で占める食糧の割合をみてみよう。

生活関連補助金で最大の比重をなすものは、常に食糧品目であった。食糧への補助金は一九六〇年代のほとんど、および一九七〇年代の初めに生活関連補助金額の七五%以上を占めていた。一九八〇年代には補助金額は急増した。その原因は、ほとんどの交易可能品目の国際価格が上昇したことに加えて、補助金対象品目が拡大されたことであった。この時期においても食糧補助金

表11　国家予算における食糧補助金額（1982－87年）

項　目	1982-83年	1983-84年	1984-85年	1985-86年	1986-87年
	（100万エジプト・ポンド）				
政府収入	9749.0	10371.0	11311.0	12794.0	13498.0
補助金総額	2053.7	1986.6	2006.7	2908.8	1653.0
小麦・小麦粉の補助金	757.8	862.2	614.0	474.1	190.1
	割合（%）				
小麦・小麦粉が補助金総額に占める比率	36.9	43.4	30.6	16.3	11.5
補助金総額が政府収入に占める比率	21.1	19.2	18.3	22.7	12.2

（出所）Y. Sadowski, 1991, p.18

の比重は大きく、一九八〇年代を通して補助金全体の平均六九％を占めた。一九九〇年代も一九九六年度までの期間で約七四％を示した（『人的資源開発報告書一九九七―九八年』六八―六九頁）。それでは国家予算の中で小麦および小麦粉への補助金が占める大きさを見てみよう。

表11から補助金総額の中で小麦・小麦粉の割合が一九八〇年代前半を通してかなり大きかったことがわかる。

つぎに外貨収入における政府収入および外貨収入全体に占める農産物輸入額の割合をみると、一九八一年から一九八六年までの期間で政府収入では四四％から四九％、全外貨収入では二七％から三二％の範囲にあり、ここでも外貨収入のかなりの部分が農産物の輸入にあてられていたことがわかる（Sadowski, 1991, p.19）。

食糧への補助金が補助金全体の中でどれほど大

きな比重を占めてきたか、またそれゆえに重要な政治的意味を有していたことを示してきたが、その意味合いをより的確に理解するためにも補助金制度の全体像をつぎに提示しておくことが必要であろう。

5　補助金制度

一九五二年革命によって出現した政治体制の特徴のひとつは、補助金が著しく広範に存在したことであった。市民生活のほとんどの面に政府が介入するという現象がもたらされた。重工業から住宅、交通、教育、医療、パン、小麦粉、砂糖、石鹸、燃料、薬、為替レート、映画の入場券など、ほとんどありとあらゆるものに補助金が拡大されてきた。確かに、補助金制度は一九七〇年代のサダート政権下で著しく拡大されたもので、それがムバーラク政権初期まで続いたものであった。したがって、必ずしもナーセル政権が残した遺産とは言えないかもしれない。しかし、補助金をその一部とする開発への全体的なアプローチの仕方は、ナーセル政権期に形成され、少なくともそれは一九八〇年代まで継続した。

もともと補助金は、都市貧困層への支援制度として一九四五年に始められたものであった。しかし、補助金制度は次第に資源の直接的および間接的な再配分に基づく経済開発戦略の主たる手段へと発展した。公共部門の事業所の収支は、補助金を通じて人為的に維持された。消費財は労働者に安価で売却されたが、労働者はその代わりに賃金を低くおさえられた。工場は、低価格の原材料を供給されたが、同時に市場価格よりも安く製品を売らねばならなかった。農業の分野でも農地の所有は私的所有の形態をとっていたが、政府による肥料などの投入財や作物への補助金制度を通じて、他の経済部門と同じように、統制下におかれた。

こうした生産と消費の両側面での補助金制度は、きわめて膨大なコストを必要として国家財政に大きな負担となったほか、さまざまな歪みを国民経済にうみだした。また、広範な補助金制度の実施によって、補助金制度のもつ社会的バイアス、すなわち、それにより受益者となる社会層と搾取される人々つまり損失者の側に立たされる社会層を全体的に判断することは、容易ではなかった。個々の補助金、たとえば、エネルギーへの補助金の場合には、都市部の人口、とりわけその富裕な社会層を優遇するというバイアスが比較的容易に判明したが、食糧への補助金の配分は、それよりもより均等な形をとっていた。また生産者に与えられる投入財への補助金は、必ずしも、生産者にとって有利なものとはならなかった。むしろ、消費者がその受益者になる場合が多かったのである。さらに、補助金制度は、闇経済の活動を拡大させた一因にもなった。一九九〇年代になってもしばしばパンの不足が新聞紙上をにぎわしたが、国民の主食であるパンの原料となる小麦粉への補助金は、パン生産者へ課せられた一連の厳しい規制が原因となって、闇市場の拡大をもたらしたひとつの例として、有名である。

一方、補助金制度の拡大につれて、その実施にかかわる行政組織もまた増加した。その結果、他の統制政策の場合と同様、政府部内の多くの組織の間の組織的な利害の対立と相互依存の状況とが存在するようになった。それがまた補助金政策を持続させることにもなった。補助金政策の改革への着手が大幅に遅れた原因の一端は、ひとつには広範な補助金制度に依存する国民が増加した結果、補助金制度の見直しには国民の抵抗が避けられなかったために、政府は補助金を容易に撤回することができなくなっていたことに加えて、このような複雑に入り組んだ政府官僚組織内部の対立と共存によって、政府自身なかなか身動きができない状況が生まれていたことにあった。したがって、少しずつゆっくりと経済改革を進める以外に選択肢がなかったのである。

6　世俗化とイスラーム化

最後に取り上げる世俗化とイスラーム化は、一冊の書物を必要とするほどの大きな課題であるが、ここでは人口変動と社会変動という文脈の中で扱う。

今日の世界ではほとんどの社会が一方でテクノロジーのグローバル化の波と、他方でアイデンティティの閉塞傾向という対極的な現象を経験しつつある。エジプトがその一部を占めているイスラーム・アラブ世界でも都市部を中心にして衛星放送受信のためのパラボラ・アンテナを見ることが今では珍しくなくなった。権威主義的な国家と政治体制を常態とするアラブ世界でも世界的なインターネットの拡大の波に防波堤を築くことがもはや困難になっている。一方、多くの国々で過激な宗教団体が関与する事件が発生して注目されたように、エジプトにおいても一九七〇年代半ばからマスコミでイスラーム原理主義者とか過激派と呼ばれる組織や運動の動向が注目されてきた。世界が狭くなるにつれて、多くの社会では文化的・心理的な視界が一層狭められ、不寛容な雰囲気が強まるという逆説的な状況が生まれている。

①世俗化とイスラーム化の同時進行

都市人口の増加にともなってほとんどの社会では、程度の差はあれ、都市と関わりをもたない生活はもはや考えられなくなった。このことは、都市生活が社会の変化を生み出す場として一層重要性を増したことを意味していた。すでに指摘したようにエジプトの人口は、一九八〇年代半ば頃まではカイロをはじめとする大都市の人口増加と集中を特徴とする局面の後に、地方の中小都市の人口増加を特徴とする局面を迎えてきた。確かに都市人口は五〇%を越えてはいないが、しかし地方に中心都市が発達するという事態は、一極集中型社会がもってきた地域的な格差や歪みを弱めることにもつながり、地方に住む人々の生活の質を豊かにするのに貢献するかもしれない。

しかし、都市が重要な生活の場となるにつれて、さまざまな問題が現われるようになった。たとえば、カルト集団の増加、新しいタイプの犯罪の発生、犯罪の低年齢化、麻薬取引の増加などであった。このような問題を生み出す原因あるいは背景には、急速な社会経済的な諸条件の変化が都市生活の環境にかなりの変化をもたらしてきたのではないかと考えられる。とくに消費文化の拡大と深まりとが都市に住む人々の生活を確実に変化させてきた。これはおそらく他の国々においても見られる現象であろう。興味深いことは、そうした世相を反映してか写真をふんだんに取り入れたタブロイド版の新聞『ハワーディス』（出来事）が一九九二年に発行され始めたことである。それはセンセーショナルなゴシップ記事を中心にしたおそらくエジプトでは最初のもので、エジプトのマス・メディアの標準からすれば、やや過激な週刊紙であり、カイロのような大都市に住む特定の社会層の読者を前提にして作られたものだとしか理解できない話題が多かった。

ここ数年のエジプトの新聞紙上で注目された社会問題の一部として、ここでは犯罪の変化、結婚のありかた、衛星放送の受信者の増加という三つの話題を簡単に紹介してみよう。

まず最初に犯罪の変化に関しては、一九九五年五月にカイロで犯罪防止国際会議が開催される直前にアハラーム・ウィークリー紙に犯罪特集として掲載された記事が参考になる。

それによると、第一に犯罪の変化としては窃盗や強姦、殺人などの犯罪者の中で失業者の割合が一九八〇年代に増加したとされた。たとえば、一九七五年に窃盗犯の三一・二％が失業者であったが、一九八八年には四四％にふえた。第二に新しいタイプの犯罪として夫殺しや親殺し、および金融犯罪が登場したことであった。とくに前者の家族内の殺人を引き起こした原因は、貧困や住宅難などの経済的な理由のほか、離婚や夫が産油国に出稼ぎに出たことによる家族関係の崩壊によるものなど多様であった。

つぎに、結婚のありかたに関しては、正式な結婚の手続きから逸脱した「ウルフィー」（慣習的）婚が増加していることが、問題視されるようになったことである。その背景には、近年とくに大学生の間でこの結婚形式をとって同棲する若者たちが多くなっていること、およびこの形で行われる外国人とエジプト人女性との結婚が増加していることがあげられる。女性の結婚と離婚などに関わる現行の身分法の改正問題が控えていた時期であったために、この問題への社会的な関心が高まり、社会問題化したのであった。この問題は、親の立場を別とすれば、主として三つの観点から問題とされた。ひとつはイスラームにおける結婚の手続きを主張し、イスラーム法の観点からウルフィー婚が正当なものでないと批判する立場であり、もうひとつはウルフィー婚に潜んでいる女性の側が受けかねない危険性を指摘する女性の人権を擁護する立場であり、最後にエジプト（人）の名誉を守ろうとする立場であった。大学生の間のウルフィー婚に関しては、統計資料は存在してはいないが、その数は「流行」と言われるほどかなり多いと言われている。その背景として経済的な要因が大きい。卒業後に雇用や住宅の確保がますます困難になった結果、高額化する結婚資金を用意して正式な結婚をすることが、とくに男子学生にとってははるかかなたに遠のいており、将来いつ結婚できるかわからないという不安が多くの大学生の間で共有されているためであった。

一方、外国人との結婚問題に関しては、一九九九年五月に法務大臣が外国人男性とエジプト人女性の結婚に新たな規制を加えることを表明したことで、関心を呼んだ。その規制とは、男性は結婚契約書に本人が署名しなければならないこと、さらに男性は、その結婚に異議がなく、男性の社会経済的な身分と収入源を示した大使館からの書類を提出することであり、これらの書類はエジプト当局により承認されねばならないとされた。さらにもし年齢差が二五歳以上である場合、男性は女性に二万五〇〇〇ポンド相当の債券を購入しなければならない。女性は結婚後、あるいは離婚ないしはその夫の死後五年間は債権を現金化することはできない、というものであった。

法務省の統計では、一九九八年に一五一〇人のエジプト女性が外国人と結婚したが、その大まかな内訳は多い順にサウジアラビア人(四〇〇)、パレスチナ人(三七〇)、スーダン人(一七九)、アメリカ人(八一)、ヨルダン人(七九)、オーストラリア人(五九)であった。そのうちで年齢差が二五歳を越えたのが一五〇人であった。しかし、外国人との結婚の多くがウルフィー婚の形をとっているために、全体数を把握するのが困難であるというのが、政府がこのような規制を新たに導入しなければならなくなった理由であろう。法務大臣によれば、エジプト女性の権利を保護し、女性とその子供たちが市民としてふさわしい生活を送れるように保証することが、規制の目的とされた。その背景にはかなり根の深い問題があった。おそらくは一九七〇年代後半からであろうが、毎年夏になると多くの人々がサウジアラビアやアラビア半島の国々から避暑のためにエジプトを訪れ、長期間滞在するのが常であったが、それに加えて常時エジプトに暮す人々もいることから、ウルフィー婚の形をとってはいるが事実上の人身売買が行われてきたのであろう。しかし、エジプトでも人権団体が設立され、その数が増加するにつれて人々の人権意識が啓蒙されているのが今日の状況であり、この問題が次第に社会問題化してきたと考えられる。以前からエジプト在住の一部のサウジアラビア人の行動に対するエジプト人の反発が時折新聞をにぎわしてきたこともあり、この問題は当事者であるエジプト女性の尊厳や人権だけでなく、政府および国民の一部にとっては国家的な威信の問題に関係するものだったからである。

最後に、衛星放送の受信者の増加である。一九九〇年代末における大都市を中心にしたパラボラ・アンテナの設置数の増加には目を見張るものがあった。受信者数が増加した理由は、アンテナの価格が一段と安くなったからである。一九八〇年代末にはパラボラ・アンテナの価格は約三万七〇〇〇ポンドと著しく高価であったうえ、その購入には首相の許可を必要としていた。またそれは巨大としか表現できない大きさであった。しかし、一九九〇年代末にはピザの大きさにまで小型化し、八〇チャンネルの番組を受信できるパラボラ・アンテナの価格は約一四〇〇ポンドで購入するのが可能になった。その結果、カイロではインバーバ地区などの低所得層が集中する地域でも、衛星放送を受信する家庭が増加している。識字率がおよそ五〇％のエジプトでは国民の多数が新聞や雑誌よりもテレビや映画をみるのを好むために、衛星放送を通ずる外国のメディアの影響力は無視できない。したがって、これまで国内でわずかなテレビ・チャンネル数によって情報の統制を行ってきた政府にとっては、直接統制することが困難な衛星放送への対応を迫られることになった。そのひとつの対抗措置が、一九九八年四月にエジプトを発信基地とする放送衛星ナイルサット一〇一を打ち上げ、衛星放送の送信を開始するに至ったことであった。エジプト人に良質の衛星放送を提供することにより、外国メディアのともすれば好ましくない番組からの影響を弱めようとするねらいがあったが、一九九八年に三〇〇〇万ドル、九九年には五〇〇〇万ドルと着実に利益を伸ばし、受信者数では国内で二〇〇〇万人、周辺の国で三〇〇〇万人に達している

とされる。そして二〇〇〇年八月には二番目の放送衛星ナイルサット一〇二を打ち上げることになった。

衛星放送受信者の増加に加えて、着実に進んでいるのはコンピューターと携帯電話の普及である。携帯電話はまだ高価なために大学生では一部の者に限られてはいるが、しかしその増加は、都市に限られたものとはいえ、著しい。カイロを中心にインターネットの世界に急速に組み込まれている。一九九九年の後半あたりからカイロの街では公衆電話が大量に設置され始めたが、携帯電話の普及と同時進行している様相が興味をひく（写真参照）。

大都市の現象ではあろうが、これまで述べてきた犯罪、結婚、そしてテクノロジーの普及といった変化は、イスラームの教えを生活の基本とする組織や人々にとっては、深刻な事態と見なされてきた。とりわけアズハルおよびアズハルのイスラーム学者戦線と呼ばれた集団は、電子メディア（インターネット）に対して神経質ともいえる規制を加える動きを示していることが注目されよう。

②イスラーム化

今まで述べてきたことがエジプトのイスラーム化およびイスラーム運動を考える際に、文脈のすべてではないが重要な部分をなしている。イスラーム化現象を考える際のいくつかのポイントをあげて概観してみたい。

まず第一に、イスラーム運動は新しいナショナリズムの運搬人であることである。「イスラームこそ解決」がエジプトが抱える多くの問題の解決となるかどうかは別にして、イスラーム主義はナショナリズムに近似した政治的なイデオロギーの性格をもっていた。したがって、主としてエジプト人の集団的なアイデンティティを主張する抽象的なシンボルと見なされるものであった。ナショナリズムと同様内部に多様な要素を内包するものであったが、イスラーム主義者の運動を特徴づけたのは、言語、象徴、服装、家族、性道徳、敬虔さなどを強調する「文化の政治」であった。運動の主たる関心はムスリム共同体のアイデンティティであり、その限りで文化の次元におかれていた。

第二に、イスラーム主義運動の局面の変化として、一九八〇年代後半以降イスラーム主義実業家や専門職の青年層からなる対抗（カウンター）エリートの力が強められたことであった。それ

表12　専門同業組合執行委員会におけるイスラーム主義者（1995年）

組合名	執行委員会議席総数	イスラーム主義者委員数
医師協会	23	20
エンジニア協会	61	45
薬剤師協会	25	17
科学者協会	25	17
弁護士協会	25	18

（出所）Ninette S. Fahmy, "The Performance of the Muslim Brotherhood in the Egyptian Syndicates" Middle East Journal, Vol.52, No.4, Autumn 1998. p.553.

はムスリム同胞団やボランタリーなイスラーム慈善団体が社会的、政治的な影響力を強めた結果であった。たとえば、そのひとつの象徴的な例は、一九九二年に発生した大地震に際してムスリム同胞団などのイスラーム運動組織が展開した効率的な救助活動であり、その様子はいち早くCNNによって報道されたことである。またイスラーム運動が中間層を動員する能力を高めてきたことの例は、専門同業組合における役員選挙においてムスリム同胞団などに属するイスラーム主義者の候補者の当選者が圧倒的な多数を占める結果となったことである。それは一九九〇年代半ばの例でみると、表12のようであった。

このように社会を動かす重要な役割を担う専門同業組合の選挙でイスラーム主義者の候補者が多数を掌握するという事態が生まれたことは、エジプトの政治の局面をもかえる可能性をもつものであった。すなわち、ムスリム同胞団をはじめとするイスラーム運動の活動が同業組合の構成メンバーである広範な専門中間層へと政治参加の幅を広げたからであった。しかし、興味深いことは、イスラーム主義者の選挙戦での主張や当選後の政策を見ると、健康保険や生命保険事業の拡大や住宅や厚生施設の改善など組合員の福祉を具体的に改善することによって支持を勝ち得ていることであった。したがって、そこでは社会経済的な問題が組合員の支持を動員するために重要な媒介項として作用していることがわかる。

第三に、イスラーム運動と青年層の問題である。イスラーム主義運動の中核をなすのは、青年であり、ある程度の教育を受け、また新たに都市化された失業層であった。そこには明らかに人口の変動や社会経済的な条件の悪化が反映されていた。ここ当分の間は人口に占める青少年人口の割合は大きいまま推移することが確実であるから、雇用や住宅などの条件を大幅に改善しない限り、イスラーム運動の潜在的な担い手は減少しそうにない。またイスラーム運動に参加するメンバーの低年齢化が指摘されているが、これは犯罪の低年齢化や初等教育課程でのドロップ・アウトの増加と対応する現象であり、エジプトの社会経済的な変化を色濃く反映したものであろう。青年世代の政治参加をどのようにして促すかが改めて問われている。

第二章　経済改革の政治

1　はじめに　―上からの経済改革と外圧―

　エジプトの経済改革の政治過程を考察するにあたって、まず留意すべき点は、その起源が上からのイニシアティヴで始められた改革であり、下からの、つまり社会のなんらかの要求や圧力によって生まれたものではなかったことである。そこで、経済改革の政治過程の特質を見いだそうとするなら、統治エリートの動向、すなわち政権の内部に焦点をあてることがまず必要になる。その際に、政権がどのような統治エリート、そしてその背後に存在する利益によって支えられているかが問題となる。つまり、ここでは国家あるいは政権は、なんらかの利益の政治的な連合から構成されていると想定する。そして重要な公共政策の変更は、国家あるいは政権を支える利益連合における構成の変化の結果として生まれたり、あるいは利益連合の重要な変化を近い将来引き起こすものと考えることができよう。

　一九五二年の革命で生まれたエジプトの新しい政権は、輸入代替工業化の戦略を採用したが、国家を支えた利益の政治的連合は、工業化しつつある第三世界の国々にしばしば見受けられるポピュリスト連合と呼ばれるものであった。それは主として軍部、国家・公共部門のテクノクラート・エリート、および組織労働者から構成されていた。これら三つの構成要素のうち後の二つは、公共部門の制度的な利益と深く結び付いていたから、公共部門の再編をその一部とする経済改革の試みは、政権の利益連合を構成するこれらの勢力に少なからぬ影響を及ぼしかねないものであった。したがって、経済改革の実施は、政権の基盤を支える利益連合の動向と関連することとなり、つまりは政治変動を考察する格好の対象を提供しているのである。エジプトの事例は、後述するように、トルコなどの同様に輸入代替工業化戦略を掲げた国々の場合と比べると、経済改革の決断までに相当の年月がかかり、またそれにともなう利益連合の構成の変化がかなりゆるやかな形で進むという連続性が色濃く維持されたのが特徴であった。それは一体なぜか、またどのような事情を背景にしていたのであろうか。

本章は、公共部門の役割とその変化を主たる対象にして経済改革の政治過程を考察する。それを通じて開発戦略の転換期のエジプトにおける国家の役割について検討を加えたい。最初に、エジプトの公共部門についてあらかじめ説明しておくことが必要であろう。エジプトでは国家はつぎの五つの部門から構成される。すなわち、中央政府、地方政府、サービス公社（ハイアート・ヒドゥミーヤ）、経済公社（ハイアート・イクティサーディーヤ）、および公共部門企業（以下、公共企業）の五つである。このうちで中央政府と地方政府（ギハーズ・イダーリー、行政組織あるいは機関と呼ぶ）以外のものが公共部門を構成する。世銀やＩＮＰの『人的資源開発報告書』

は国家部門全体を公共部門と見なしているために、混乱を招きやすい。

2　財政危機と延期された経済改革

公共部門の再編と利益連合の動向について考察する前に、経済改革の必要性をエジプトの統治エリートに感知させるに至った経済危機の全般的な状況と経済改革の試みについて簡単に述べておくことが必要であろう。

経済的な危機が顕在化し始めたのは、一九六〇年代の半ばであった。一九六五年には国家主導の工業化計画の構造的な欠陥が現れ始めた。それは、巨大な輸入代替指向の工業部門が貪欲な輸入指向性を生み出す一方で、輸出にほとんど貢献しないことであった。財政赤字の増大および国際収支の悪化により、外国からの融資に依存しなくてはならなかった。イエメン内戦への軍事的介入の長期化とそれに伴う多額にのぼる軍事費の負担なども、国際収支の悪化をさらに促した。ナーセルが国有企業の経営者らを前にして効率の問題について言及しはじめたのは、ソ連が新規の信用供与を出ししぶったこの時期であった。

一九六〇年代末から一九七〇年代初期には外貨準備高の不足によって、輸入が徐々に制限される事態が生じ、さまざまな分野で輸入財不足に陥った。農業は肥料の供給不足、工業は材料と部品不足に悩まされるなど、エジプト経済は深刻な諸問題を抱えることになった。これは一九六七年の六月戦争に伴う大きな経済的な損失、とくにイスラエルによるシナイ半島の占領やスエズ運河の閉鎖などが原因であった。国際収支の悪化は一九七〇年代初期もさらに悪化した。そして一九七三年の十月戦争前後には外国の銀行から借りた債務の支払いは、すでに問題化していた利子の支払いと重なって大きな問題となった。サダート大統領による門戸開放政策（インフィターハ）導入の背景には、こうした問題が存在していた。

十月戦争で政治的な勝利を手中にすると、サダートは、その翌年に発表した『十月白書』において、ナーセルが推し進めてきた「大砲も、バターも」、つまりイスラエルとの軍事的対決と社会経済的発展とを同時に追求する路線を捨てて、「大砲よりもバターを」の道を進むことを宣言した。しかし一九七六年にはエジプトは安定化と構造調整計画をすぐにでも導入しなければならない状況に置かれていた。実際、ＩＭＦの勧告に従って、一九七七年一月にはいくつかの消費物資への補助金撤廃の決定がなされるに至った。しかし、それは大規模な暴動を引き起こすこととなり、政府は決定の撤回に追い込まれた。この暴動がその後の経済改革過程に与えた影響あるいは教訓は、大きかった。そこで得られた教訓は、経済改革、とくに補助金に関連する改革の速度が、国民の忍耐度に左右されるというものであった。また経済的合理性を政治的合理性に優先させるには大きな代償が伴うというものであった。この事件を契機にサダートは緊縮政策を撤回した。以後、エジプトは湾岸産油国からの援助や、それがキャンプ・デービッド合意で停止された後にはアメリカからの巨額の援助など「戦略的レント」に依存するようになった。こうした戦略的レントに加えて、石油売却、海外労働者送金、スエズ運河渡航料、および観光からの収入が増大した。これらは一九八〇年代初頭には総額で年間一〇〇億ドルを大きく上回る収入を創出した。こうしてエジプトには外貨があふれるようになり、経済改革の試みは無期限に延期されることとなった。一九八〇年代半ばに石油価格が低迷したとき、緊縮政策の導入を試みたムバーラク大統領は、労働者の抗議行動を招いて、その撤回に追い込まれ、一九七七年の教訓を思い知らされることになった。このときもまたエジプトは、和平プロセスへの協力的な役割と引き換えにして援助や信用供与を得ることにより、構造改革を回避することができたのであった。

このように、経済改革の歩みは、暴動発生についての政治的危惧から、国民の反発の強さを推し量りながら一進一退の形をとってゆっくりと進んだ。またそれを可能にさせたものが、エジプトが享受した戦略的なレントの存在であった。その結果、財政危機は解決されぬまま継続することとなり、一段と深刻さを増したのであった。実際、真剣にＩＭＦとの協調に取り組まねばならなくなった一九九〇年時点での対外債務はおよそ五〇〇億ドルにのぼり、ＧＤＰの一〇〇％を上回るほどの深刻な問題を抱えていたのであった（Waterbury, 1983, pp.65–66）。

3　公共部門の形成と拡大

①官僚機構の拡大

エジプトにおいて公共部門は、一九五二年革命によって登場したナーセル政権の下で形成され発展したものであった。公共部門の役割を適切に評価するにあたっては、より広い文脈、すなわち新政権の下で官僚機構に与えられた大きな役割とそこでの公共部門の地位に言及することからはじめる必要があろう。

革命政権が目標として掲げた社会経済的開発を実現するための計画の策定や実施は、ほとんど全面的に官僚機構に任せられることになった。しかしながら、ナーセル政権が旧体制から引き継いだ官僚機構は、規模や構造の点において、また宮廷に仕えた高級官吏の存在など、新しい時代には不十分かつ不適切なものであった。したがって、多くの高級官吏の追放とともに、官僚機構の拡大が試みられた。

すでに第一章において政府の雇用する人員の増加について述べた。ナーセル政権下においては、その規模は一九五二年の三五万人から一九七〇年の一二〇万人へと増加したが、その際に、一九六〇年代の広範な国有化とともに増加が加速されたことが注目される。また、省の数も一九五二年の一五から一九七〇年の二八へと増加した。(なお、ちなみに公共企業の数は、一九五七年の一から一九六三年の三八、一九六六年の四三、一九七〇年の四六へと増加した。)同様に賃金・給与および経常支出の面においても増大の一途をたどった。たとえば、一九六二—六三会計年度から一九六九—七〇会計年度の間に労働力が二〇%ほど伸びて国民所得が六八%増加したのに対して、官僚機構の雇用数は七〇%、給与は一二三%の増加を示したのであった(Ayubi, 1991, pp.108–109)。

このように官僚機構が急速に拡大する中で、国家がその政治経済システムの中で支配的な地位を確保するエタティズムが形成されることとなった。そして官僚機構に付随する形をとって作られた公共企業や公社部門が政治経済の原動力と位置づけられたのである。なお、その背景に何らかのイデオロギー的、政治的な動機が果たして存在していたのかどうかについては明らかではない。当時エジプトが当面した内外のさまざまな問題にその都度プラグマティックに対応した結果、公共部門が支配的な体制が生まれたものとする見方が有力である（Ali E. Hilal Dessouki, 1991, p.260）。しかし、ナーセル自身エジプトのブルジョワジーに対して根深い不信感があったことも確かである。それを物語るものとして、次のようなエピソードがある。一九六一年にシリアがアラブ連合共和国（UAR）から離脱した際に、同僚のバグダーディーにナーセルは、「すべてのブルジョワジーを逮捕し、強制収容所に閉じ込めることにより、かれらを一掃する以外にわれわれには選択肢が何もない」と語ったのである（Waterbury, 1993, p.63）。他方で、ナーセル政権および政府に対する民間資本の不信感あるいは猜疑心がこの時期に形成されるに至ったことも、後年政府が導入した民営化政策に対するかれらの慎重な対応との関連で注意しておく必要があろう。

②公共部門の形成とそのテクノクラート的性格

エジプトの公共部門が具体的にどのように形成されたかを次に見てみよう。エジプトの公共部門は、一九五〇年代に形成されて急速に拡大した。それは主として一九五六年に発生したスエズ戦争を契機として行われた英仏など外国資産の接収・国有化を通じたものであった。そして新しい国家企業の創設がそれに続いた。それらの会社は三つの持株会社に編成されたが、それらは多様な利害をもち、また相互に競争するものと考えられた。この時に工業省が創設され、ハーバード大学出身のアジーズ・セドキー工業相により三カ年工業計画が策定され、そのためにソ連から資金援助を獲得した。同省は、国営企業部門の推進と融資とを行うとともに、すべての民間の工業設備の設立や拡大に関して許可をあたえる権限をもった。

一九六〇年代になると、一九六一年の社会主義宣言にともない広範な国有化措置が講じられた。政府は公共部門企業を、繊維、石油化学、銀行、保険、貿易など部門別に編成して管理下においた。各部門は「公共機構」（アラビア語ではムアッササート・アーンマ）と呼ばれる組織の監督下に置かれた。公共機構は主管の省に報告を行い、その後、主管省は計画省と財務省に報告し、最後に内閣に報告をするという体制がとられた（J. Waterbury, 1990, p.308）。

このようにして形成された公共部門企業では、テクノクラート的な性格が注目される。とりわけ、エンジニアの指導的な地位が目立っている。革命後、「ムハンデス」と呼ばれるエンジニアの社会的地位が飛躍的に向上したが、社会経済的開発という新たな目標を国家が追求する時代になり、かれらが不可欠とされたのであった。まさしくナーセルの時代はエンジニアの時代であった。閣僚ポストに占めるエンジニアの比率がそれを象徴するものであったし、かれらの活躍が期待された場が公共部門企業でもあった。たとえば、その地位の一端を示すものとして、一九六七年時点において公共部門企業のエリート層のトップ（会長およびその下の高級幹部）に占める比率の高さを指摘できよう。すなわち、公共部門企業の会長四一〇人、上級幹部一三六八人のうちエンジニアはそれぞれ二〇七人（五〇％）、四七四人（三五％）に達して、経済学系出身のテクノクラート・エリートの数を上回って第一位を占めている。エリート層全体八五七六人の中で占める割合も二八％（二四〇八人）にのぼっている。これは公務員における割合（一七％）をかなり上回っていた（Ayubi, 1991, pp.6–7）。また一九七〇年時点においては住宅、運輸、および工業部門において会長の八〇％、役員の半数以上がエンジニアであった（Moore, 1980, p.118）。これらの数字は公共部門企業におけるエンジニア・テクノクラートの存在の大きさを示している。

③コーポラティズム的な利益集団の編成

ナーセル政権下においてコーポラティズム的な体制は、必ずしも計画的に形成されたというわけではなかった。むしろ、徐々に、そして場当たり的な形をとりながらコーポラティズムへと傾斜していったと考えるのが妥当である。

一九五二年の革命後まもなくナーセルは国民動員の組織として「解放戦線」（一九五三―一九五八年）や「国民連合」（一九五八―一九六一年）を創設したが失敗していた。一九六二年になって新たに設立された「アラブ社会主義連合」においてコーポラティズムの考えがはじめて、そして最終的に明確にされた。すなわち、ＡＳＵは「労働者、農民、知識人、民族資本家、そして兵士からなる労働諸勢力の全国的連合体」であるとし、それぞれは職場および居住地を基礎にして組織されるというものであった。ナーセル政権内部の考え方の違いを反映して、労働者や農民などの定義をめぐり論争が続き、あいまいさが続いた。しかし、ここで重要なのは、労働者と農民とがナーセル政権の基盤と見なされたことであり、「労働者と農民」の代表があらゆるレベル、つまり職場や地域を単位とする下部組織からはじまり全国規模に至るすべての委員会や議会で少なくとも議席の半数を配分されることが保証されたことであった。同時に、農業協同組合制度の拡大の形をとって農民の組織化が行われた。それを示すものとして、協同組合の数と加入者数の増加がある。一九五二年にそれぞれ一七二七、四九万九千人であったのが、一九六二年には四六二四、一七七万七千人へと急激に増加したのであった。革命直後に実施された農地改革と並んで、一九六〇年代初頭における農業協同組合の拡大を通じて、政府は農村地域へのコントロールを拡大させた（Waterbury, 1983, p.286）。

ここで注目するのは、労働者、とくに組織労働者のコーポラティズム体制への編入である。ナーセルの労働組合運動に対する対応は、ことのほか注意深いものであった。というのは、一九五四年の「三月危機」の際にナーセルに勝利をもたらす決定的な役割を果たしたのが、交通労働者の組合指導者によるものであったからであった。その時の経験からナーセルは、労働運動を軍につぐ重要な支持基盤と見なしたが、同時に労働運動が両刃の剣になりうることを恐れた。その結果、ナーセルは一九五九年に労働法が制定されるまで全国規模の産業別労働組合の設立を許容しなかった。新労働法の制定に続いて、すでに一九五七年に創設されたエジプト労働組合連合が一九六二年に再編され、さらに一九六四年の労働組合法の制定によって連合傘下の組合数は二七へと減少して再編された。一九五九年から一九六四年にいたるこの時期が、労働組合がコーポラティズムの集団へと再編された時であった。こうしてナーセルと非共産主義者組合指導者の間の「紳士協定」としての組合のコーポラティズム化が、相互疑惑と不満の募る十年間の交渉の末に達成されたのであった（Bianchi, 1989, pp.78–79）。以後、労働組合は、ナーセル政権への政治的忠誠、つまり非政治路線と引き換えに、雇用保障、昇進、退職手当に関して恵まれた法的な保証を受けるなどさまざまな利益を与えられることとなった。政権と組織労働者とのこうしたいわば暗黙の「社会契約」の成立により、後者はナーセル政権下における主要な既得権益集団のひとつとして組み込まれたのであった。

④公共部門の拡大と福祉国家の追求

一九六二年の国民憲章の発布とそれに続くＡＳＵの創設によって、コーポラティズムの形態が整えられた。この時期は、エジプトの第一次五ケ年計画の時期と重なっており、公共部門における雇用の拡大が推進された。一九六〇年から一九六五年にわたり多数の雇用の機会が創出されるとともに、新たに作られた職場にできるだけ多くの人間を雇用するために、超過勤務が制限され、また労働時間が短縮された。

公共部門全体の人員は着実に増大した。エジプトの統計学者Ｎ・フェルガーニーによれば、一九六〇年には五〇万人弱であったのが、一九七〇年には約七〇万人、一九七五年には九〇万人、そして一九八〇年には一一〇万人へと増加の一途をたどった（Fergany in Handoussa & Potter, 1991, p.38）。また別の推定では、一九六〇年から一九七六年の時期に、労働力が全体でわずか年二・二%の伸びであったのに対して、公共企業と公務員の雇用は年七・五%の割合で増加したとされる。一九八〇年代の半ばには公共部門企業は一三五万人を雇用し、労働力全体では一〇%以上、また非農業部門労働力ではおよそ四分の一を構成するまでになった。さらにこれに約二八〇万人の公務員を加えると、国家部門全体では、非農業部門で約三分の二の労働力を抱えることになった。同時に、これらの労働者が政府収入のかなりの部分を提供したことにも留意する必要がある（Waterbury, 1993, p.240 および 1990, p.296）。

賃金もまた増加することとなった。とくに、一九七〇年代になってからの増加が著しく、一九七五年から一九七九年の間に約二倍へと拡大した。その結果、一九七九年時点で見ると、公共部門と公務員を合わせせると、国家は労働力全体の三分の一を雇用し、総国民賃金の六〇%を支払っていることになった（Waterbury, 1983, p.245）。

公共部門の規模の大きさを示す指標は、以上の人員と賃金にとどまらない。一九七〇年代半ば時点で、公共部門は総投資の七〇%、工業付加価値の五五%、輸出入の八〇%、金融・保険制度の九〇%を占めるとされるまでに拡大していた（『アラブ戦略レポート一九九三年』四二頁）。

このように公務員や公共部門の雇用の拡大をもたらした最大の原因は、「最終的な雇用者」として国家が位置づけられて、一九六〇年代に飛躍的に増加した大学と高等専門学校から送り出される労働力を政府および公共部門において吸収する完全雇用制が導入されたからであった。こうした政策は、革命政権が進めた初等教育の普及と無償の高等教育の拡大、さらに一九六〇年代になってイデオロギー的に重視されるようになった社会福祉政策が生み出したひとつの帰結であった。公共部門以外には当時のエジプトには大卒者を吸収する受け皿が存在していなかったからであった。そして公務員と公共部門の労働者が社会保険を中心とする福祉政策の主たる受益者層を形成することとなった。それゆえに、公共部門は比較的早くから経済合理性という論理よりも、むしろ主として政治的な存在理由によって経営されるところとなった。公共部門の再編・改革における主要な障害のひとつがここにあった。

ところで、公共部門におけるテクノクラート・エリートの存在の大きさについてすでに言及した。とくにエンジニア・テクノクラートが運営する建設部門は、公共部門の中で占める比重が大きく政治的生産手段が集中した分野であった。たとえば、第一次五ケ年計画の総投資予算の半分以上が建設に配分された。一九六一年から一九六四年にかけて二万ポンド以上の資産をもつすべての民間の建設会社は国有化されたので、形式上は民間部門は国の投資から大きな利益を得ることはできなかった。しかし、実際には民間部門は建設全体の六〇%の事業を実施したのであった。一九六六年にナーセルは公共部門の比重を三年以内に四〇%から八〇%へと拡大すると宣言したにもかかわらず、公共事業のほとんどを獲得した民間の下請け建設業は国有化されなかったし、さらに調整さえされなかった。その後民間建設会社の資産は二万ポンドから一〇万ポンドにまで増加されたのであった。大きな公共企業は自分の事業を民間部門に横流ししたのであった。このような公共部門と民間部門の企業の相互依存あるいは癒着は、建設部門の資材不足も手伝って、促されることになった（Moore, 1980, pp.122–123）。

⑤公共部門の抱えた諸問題

第一の問題は、網の目のように張り巡らされた複雑な統制（コントロール）が、公共部門の内部に組み込まれていたために、経営を機能不全に陥らせたことであった。そうした統制には、さまざまなレベルの統制に加えて併存しあう統制とがあった（Wahba, 1983, pp.29–30）。

まず、それぞれの公共企業は形式上二五の「部門別高等委員会」（Higher Sectoral Council）のいずれかに属することになる。この委員会は、与えられた部門の概括的な計画を策定し、実績を評価し、部門内の異なる事業所の活動の調整を行うとされる。その構成委員には、主管大臣を委員長とし、経済・法律問題の専門家三人、財務省、計画省、経済・経済協力省のそれぞれの代表が含まれる。それに加えて、部門に属する会社の役員会会長が含まれる。各委員会には事務局がおかれている。

次に、この委員会とは別にさまざまな政府機関が事業所・会社に直接的な統制を加える。首相、経済相、計画相、財務相、工業・鉱物資源相が公共部門の統制に参画する。さらに、これらの省の他に、中央会計監査院（Central Agency for Accounts）、中央組織・管理庁（Central Agency for Organization and Management）、および中央動員・統計局（ＣＡＰＭＡＳ）が会計、人員、賃金政策に関して統制を加える。また国有の五大銀行の間で公共部門の事業所を担当するやり方が採用されているために、銀行も公共部門の統制に関与している。各事業所にとり信用はひとつの政府系銀行からしか提供されないからである。

以上のような公共部門に対する外部からの統制に加えて、事業所内部の役員会に関わる統制が存在する。会長と役員の半数は首相により二年の任期で直接任命される。他の半数の役員は事業所の従業員から構成されるが、そのうちの半数は労働者でなければならない。さらに、首相が任命する非常勤の専門家からなる役員が二人まで加わることができる。役員会は、法的には総会に対してのみ責任を負う。総会は主管大臣を議長とし、各省の代表、部門別高等委員会の五人の委員、会社の四人の従業員、そして三人の専門家からなる。なお、民間部門の参加に比例して民間の委員が含まれる。

この他に、人民議会での予算や計画の承認や関連委員会での審議を通しても統制を受けることになる。

このように複雑な統制の下におかれた公共部門は、期待された活動の障害となる多くの問題に当面することになった。その一つは、さまざまな政府機関の間での権限をめぐる対立に巻き込まれたことである。また事業所や会社は多くの時間を関連政府機関の要求を満たすために費やさねばならなかった。公共部門の活動の効率が損なわれた一つの原因をここに見いだすことができる。公共部門は官僚機構の延長として存在するとすでに述べたように、エジプトの官僚制の特徴として見られる分裂状況が公共部門に対する込み入った統制の在り方に直接反映されているように思われる。

第二の問題も、公共部門の効率の低下に深く関わるものであった。一九六〇年代初期に広範な国有化措置によって公共部門エリート層のポストが急速に拡大されたが、それは一九七〇年代にも維持され得るものではなく、若い有能なエンジニアたちがテクノクラート・エリートの地位に上昇する機会は次第に狭まっていた。さらに、それを促したのは、ナーセル政権の下で高等教育（大学の増加）が拡大された結果、大学卒業生の数が増加する中でエンジニアの供給が増えたことであった。こうした傾向は、当然のことながら、潜在的なテクノクラート・エリート層の士気の低下につながったのである。

一九七〇年代になると士気の低下は、さらに深刻化した。二つの主要な変化がそれを生み出す原因であった。まず、公共部門の有能なテクノクラートの一部が、一九七〇年代半ば以降アラブ産油国に働きにでたことであった。第二に、インフィターハ政策の下で民間部門が拡大されるにつれて、テクノクラート・エリートの一部は、高賃金と待遇に恵まれた合弁企業や民間部門へと流出する動きを見せはじめたことであった。一九六〇年代にはテクノクラートの転出の唯一の道が国際機関での仕事であった。その例として、IMF（ファアード・スルターンやナズィーフ・ダーイフ）、UNESCO（ヒルミー・ムラード）、アブダビ基金（ハサン・アバース・ザキ）などがあった。これに対して、一九七〇年代になると外国企業のコンサルタントや経営者の地位などへの新しい転出の可能性が生まれたのであった。テクノクラートに経営の多くを依存してきた公共部門であったから、こうした現象はその経営の効率を著しく悪化させたのである。同時に、民間部門と公共部門とを分ける境界線が次第にあいまいになった。

さらに、以上の二つの問題とも関わるが、効率の悪化をもたらす要因に賃金の問題があった。賃金体系はすべての公共企業に同一のものが一律に適用されており、また各企業はインセンティヴに関しては最大で一〇％しか剰余金を振り向けることができないという制約を課せられていた。これらは、労働者の労働意欲を高めようとする経営者の前に立ちはだかる障害となっていた（Sherif & Soos, 1992, p.68）。

第四の問題として、公共部門と民間部門の相互依存と相互浸透の問題がある。民間部門は、国家による公共企業の規制を通じて、実質的に広範な規制を受けることとなった。特に、公共企業が生産する産出物の価格が政府の管理下におかれていたから、民間部門は政府の価格政策に左右されたのであった。また政府は、民間部門に対して公共部門と競合する存在ではなく、むしろそれを補完するものとしての役割を期待した。このような事情から、民間部門と公共部門との間には相互依存的な関係が増大したのである。それは民間部門の公共部門への依存的な、あるいは寄生的な傾向をも生み出すようになり、さらに両部門の中間に存在するあいまいな領域を生み出すようになった。

こうした問題の例として、第一次五ケ年計画期に全支出の四〇％が建設部門の下請け業者に支払われたことや、巨大な国有企業そのものが主要な下請け業者になるという傾向が指摘されている。

4　公共部門の再編と利益連合

①はじめに

ナーセル政権を継承したサダートが着手した経済改革は、より広い文脈では公共政策全体の見直しと再編をめざすものであった。ことに、その再編の過程でそれまで政権を支えてきた利益連合の一翼を形成した「労働者と農民」に関して、重要な変化が生まれることになった。まず、後者に関する象徴的な変化は、一九五二年革命後はじめての競争的な選挙となった一九七六年の人民議会選挙で革命前の大地主層が多数選出されたことにあらわれていた。かれらのほとんどは、上エジプト出身であり、またかつて一九六〇年代に「封建制一掃高等委員会」の調査の対象にあげられた家族に属していた。かれらに代表される「農民」、つまり農村の上層エリートが、サダート政権の農村地域での同盟者として、公共政策転換による受益者層となったことがここから推測できる。さらに、サダート大統領は、ウムダ（村長）の選出要件としての最低財産を設定することにより、地方においても農村エリートの力を強化する法令を発布するという措置を講じた(Sadowski, 1991, pp.81–82)。

他方で、労働者については、サダート大統領は政権の初期には強力な政治的指導力を欠如させていたため、ナーセル以上に労働組合の指導者らの政治的な支持を必要としており、組織労働の要求を満足させねばならない状況におかれた。しかし、経済自由化政策（インフィターハ）が徐々に展開するにつれて、政権と組織労働との関係に変化が見られるようになった。とくに、両者の間に緊張をもたらしたのは、組織労働者が既得権益の侵害と見なした公共部門の改革・再編の問題であった。さらに、政権が次第に民間部門の経営者や実業家との関係を重視する傾向を示したことも、両者の関係に緊張を持ち込む要因となった。

②公共部門の再編にかかわる法的な変化

まず、一九七五年法令一一一号において「公共機構」が廃止され、代わってそれまでよりも権限と人員を縮小された「公共部門庁」（ハイアト・ル・キターア・アル・アーンマ）という名になった。さらに一九七五年法令一八八号では、外国貿易に関する公共部門の独占が廃止され、ほとんどの品物の輸入を民間部門が行うことを可能にした（Dessouki, 1991, p.261）。だが、一九八三年になると、かつての公共機構に似たものが、異なった名称のもとで再び創設されることになった。以上に加えて注目されるのは、公共部門の法的な再定義とそれに伴う公的資金の民間化の問題である。一九七四年までは公的資金を抱える事業あるいは会社は、公共部門の一部と見なされた。だが、一九七四年の法令四三号の発効により、それが逆転した。すなわち、公的および民間の資金を有するいかなる新規事業も民間部門の一部と見なされ、公共部門法に従う必要がなくなったのである。その結果、公的資金のかなりの額が公共部門と民間部門との合弁事業の設立を通じて民間化されることになった。こうした現象を、「損失の社会化と利益の民間化」と巧みに表現する研究者もいる（Springborg, 1993, p.150）。

その後、一九九一年の湾岸戦争に際して国連多国籍軍に参加したエジプトに対して、エジプト援助国からなる「パリ・クラブ」は、いわばその見返りとしての意味を込めて、その年の五月にエジプトの対外債務を三段階にわたって五〇％削減することに同意した。これを受けて、政府は本格的に民営化に着手すべく、その年の六月に法律二〇三号『公共ビジネス部門会社法』（Law 203 for 1991 concerning the public business sector companies いわゆる民営化法）を制定した。その後、内閣に公共部門の改革を任務とする公共部門相（Minister of the Public Sector）のポストを新設した。そのポストは、一九八〇年代半ばから行政管理担当国務大臣の地位にあったアーテフ・ウベイド（現首相）が兼務することになった。また、公共部門資産を評価し、その売却業務を執り行う事務局として、「公共企業局」（Public Enterprise Office：PEO）が設置された。同局は、世銀、USAID、ECなどから約四〇〇〇万ドルの財政的支援を受けて設立されたものであった（MEED, 26 June 1992）。

③持続する官僚機構と公共部門の拡大

サダート大統領により開始されたインフィターハ政策の下でも、公共部門は着実に拡大したし、国家は統制権限を少しも手放そうとはしなかった。すでに前節で一九八〇年までの公共部門の人員の拡大についてふれておいた。公務員の人員に関しても、一九七一年と一九八〇年とを比較したB・ハンセンによれば、公務員（ハンセンの表では徴兵と公共部門を除いた政府の雇用）は一九七一年の一二七万人から一九八〇年には二四九万人へとほぼ倍増した。これは労働力全体でみると、一五・四%から二五・四%への増加であり、また年間成長率でみると、労働力全体の二・三%に対して公務員は七・三%の割合で成長したことになる（Hansen, 1991, p.134）。一九八〇年代、すなわちサダートのインフィターハ政策を継続したムバーラク大統領の下でも公務員および公共部門の人員は、確実に増加していると考えることができる。ある推定によれば、中央政府の人員は、一九八六―八七年度に減少を見せたものの一九八〇年代半ばまでは着実に増加傾向を示しており、地方政府の人員もそれよりもゆるやかではあるが増加の一途をたどっている。その際、一九七七年を基準の年とした人員の増加率は、一九八六―八七年度でそれぞれ一八三%、二〇八%となり、サービス公社、経済公社、および公共企業の増加率を大きく上回っている（Zaytoun, in Heba Handoussa & Gillian Potter, 1991, p.244）。

こうした拡大現象と同時に公共部門は、いくつかの重要な変化を経験した。中でも、一九七八年の法律第四八号（『公共部門労働者法』）の制定によって公共企業の給料と雇用制度がより柔軟に運用されることが可能になったことであった。企業の経営者は、諸手当の支給に際して自由裁量の余地が広がったし、雇用にあたり経験年数やそのほかの基準を考慮することができるようになった。他方、一九八〇年代には公務員や公共部門企業労働者の多くは、実質賃金の大幅な低下にみまわれたが、その過程で公共企業は均一的な賃金水準を示さなくなった。インセンティヴやボーナスなどの補足給付が労働者の賃金構造により大きな格差を生み出すようになったのである。また生活水準の悪化は、公共部門内部および部門間の移動を促すことにもつながった。こうした

表1　公共部門と国家部門の雇用の変化（1000人）

部　門	1977年	1981-82年	1986-87年	1989-90年
中央政府	465	767	849	918
地方政府	895	1254	1861	2214
政府合計(a)	1360	2021	2710	3132
経済公社	321	359	403	424
サービス公社	229	264	367	392
公共企業　非銀行企業	1048	1229	1235	1245
銀行企業	-	78	79	82
公共部門合計(b)	1598	1930	2084	2233
国家部門合計(a+b)	2958	3951	4794	5275
労働力総計(B)	9494	11759	13383	14400
国家部門の割合(a+b/B)(%)	31.1	33.6	35.8	36.6

（出所）『エジプト：人的資源開発報告書1995年』（アラビア語版）41頁。なお，国家部門を公共部門と見なしているので，若干の修正を行った。

人的流動性は、賃金の格差に対応するパターンをとった。すなわち、政府の公務員部門、それに次いで公共企業から民間部門企業へと人員が流出する形をとった。最も経験をつんだ人々が公共部門から流出することとなり、それは公共部門の業績と効率にとって好ましくない結果となった。

ここで公共部門の雇用の変遷および一九九〇年代半ばの現状をそれぞれ表にまとめてみると表1および表2のようになる。

④公共部門の経営者層と官僚エリート

エジプトには一九八〇年代半ばの時点で任意に任命される公共部

表2　1990年代半ばにおける公共部門の規模と構成

部　門	公共部門産出の割合（%）	GDPに占める比率（%）	雇用（千人）	労働力に占める割合（%）
中央・地方政府/サービス公社	19.4	7.3	4089.0	24.9
経済公社	46.7	17.5	455.0	2.8
公共企業部門	25.8	9.6	964.0	5.9
銀行部門	7.0	2.6	65.0	0.4
保険	0.1	0.0	16.0	0.1
社会保険	0.2	0.1	na	na
その他	0.9	0.3	na	na
総計	100.0	37.4	5589.0	34.0

（出所）World Bank, Egypt–Stabilization and Structural Change, January 26,1999, p.21.

門の経営者数はおよそ三万五〇〇〇から四万であり、そのうち五八一九が最高レベルのポストを占めるとされる。この最高レベルの一四四一人が一九八三年から一九八七年の間に退職することになっていた。したがって、公共部門の退職年齢が六〇歳であることから逆算すると、かれらが一九五二年革命以前あるいはその直後に、そしてほとんどが民間部門で仕事をはじめたことが推測される。経営者層の学歴は、一九七〇年代半ばの古い調査によって推測する限りでは、五八%が高校ないし大学卒で、一・二%が大卒以上、そして三四%が小学校ないしは高校以前の教育という構成で多様な広がりが見られる。また既に述べたように、公共部門の経営者たちの中でエンジニアの比重が大きいことも特徴であった（Waterbury, 1993, pp.166–168)。

公共部門の改革や民営化に対してその最高レベルの経営者らがどのように対応したかを示す具体的な事例を入手していないので、推測の域をでないが、かれらの多くはスペシャリストであり、一九七〇年代以降有能な経営者の前には民間部門への転出などの可能性が広がったこともあり、まとまって組織的なロビー活動をすることも、また自己の権益を守るために集団的な行為をすることもありそうになかった。

他方で、ゼネラリストとしての性格を有する官僚のトップおよび中間管理職が、公共部門の再編にあたって、共通の利害に基づいて組織的、集団的な行為をしたかについても同様に判断したい。ただ、官僚機構は一九七〇年代のインフィターハの時期にも規模を拡大させ続けたことを考えると、それまで公共部門の統制・管理を通して経済活動を管理してきた官僚機構が、公共部門の改革・再編に対して抵抗を示す主要な組織のひとつになりうると推測しうる。すでに述べたように、公務員は人材が最も多く外部に流出する傾向を示す部門であった。それには、公務員給与の増加がインフレに追いつかないという事情が原因であったが、そのような不満は公共部門再編やさらには経済自由化に対する組織的な抵抗というよりも、むしろ、さまざまな形のレント追求的な行為に向かわせることになった。一方で、経済改革下において官僚機構は新たな役割を獲得しつつある。所有権に関して改革が中途半端な状態にとどまっていたために、官僚機構は矛盾するさまざまな法令の解釈やその実施にあたり自己の自由裁量で行うという新しい権限を獲得した（Handoussa, 1994, p.14）。

⑤労働組合

組織労働の非政治主義と政府による物的利益の供与とを交換とする社会契約は、インフィターハ政策を導入したサダート政権以降においても継続された。正確には、それはむしろ強化されさえした。公共部門の雇用数は増大し続けた。一九七五年から一九八五年の期間に公共企業の労働者数は九四万五〇〇〇人から一二五万八〇〇〇人へと増加した。そして一九七八年から一九八八年の間に創出された新規雇用の九〇％は、公共部門の雇用または海外出稼ぎによるものであったと推定されている（Waterbury, 1993, p.240）。

公共部門の再編に対する公共部門労働者の動きをみると、一九七七年一月の暴動に組織労働者が参加したもののそれは比較的少数であり、一九八九年八月にヘルワーンの鉄鋼労働組合によるストライキが継続して発生するまでは、大規模な事件は生じてはいなかった。したがって、一九七〇年代末のトルコや非常事態令導入直前のインドのような激しいストは、エジプトでは長い間見うけられなかった。

経済改革に対する公共部門の組織労働者の対応は、エジプト労働組合総連合（Egyptian Trade Union Federation, 以下ＥＴＵＦ）の立場をみることによってある程度明らかにすることができる。ＥＴＵＦは早くから経済改革に関して態度表明を行ってきた。一九七三年秋に出された声明では、公共部門を次のように擁護する立場を取った。すなわち、エジプト、アラブ、あるいは外国の民間資本が開発計画の事業に参加するためにとるいかなるイニシアティヴをも条件付きで歓迎するというものであった。その条件とは、そうした事業が全般的な国家的計画の枠組みならびに既存の諸法令の下で調整されるというものであった。こうした穏やかな態度表明は、さらに、一九七四年の法令四三号に対してもなんら公式の態度を表明しないという対応によって継続された(Posusney, 1992, p.83)。しかし、一九七五年になると、ETUFとしてインフィターハに関する態度表明を迫られ、委員会において統一的な立場が採択された。それは、一方で経済成長のためにはインフィターハが必要であることを認めつつも、インフィターハは開発計画のためのものであり、その逆ではないと主張するものであった。さらに、インフィターハは計画されねばならず、すべての流入する外国資本は生産的なものでなければならず、またアラブの資本は外国資本よりも優遇されるべきことが主張された。さらに、労働者の権利の擁護および経済の柱としての公共部門の維持を要求した。これらの決議は、一九七六年一〇月に開催されたETUFの総会で承認され、倫理憲章の形で最終的にまとめられた。倫理憲章は、労働運動内部のさまざまな勢力の妥協を示すものではあったにせよ、インフィターハに対して、ETUFが一九七三―七四年の初期の立場よりもはるかに強い留保を表明するに至ったことを示していた。

ETUFが素早い反応を示したのは、抽象的なインフィターハ政策ではなく、より具体的な公共企業の売却という問題に対してであった。その最初のものは、一九七三年一二月に人民議会の計画・予算委員会が優良国有企業の部分的民営化を提案した際の激しい反対声明であった。公共部門は生産手段の集団的所有という社会主義の原則を表現するものであり、民間のひとびとと所有を共有することは、その原則を否定するものであると、その声明は述べていた。さらに、多数の労働者は七月革命によってもたらされた社会主義の成果を脅かすいかなる試みをも許さないとするものであった。このような反対があって、委員会の提案は承認されずに終わった。

その後、一九七五年にかけて民営化反対運動は強化された。しかし、民営化をめぐってＥＴＵＦ内部には次第に対立が目立つようになった。その一端は、一九七五年春に商務大臣による民営化案が提示された際に行われた商業労働者組合連合の反対運動をめぐって見られた。同連合は、提案を撤回させるのに成功はしたものの、マハムード同連合委員長は、ＥＴＵＦの全面的な支援を得るには至らなかった。サラーハ・ガリーブＥＴＵＦ委員長およびかれに近いＥＴＵＦの指導者らは、商業労働者組合連合の運動に対する反感を示したからであった。ＥＴＵＦの新聞が同連合の反対運動をまったく報道しなかったことにそれが現れていた。

しかし、ＥＴＵＦ指導部内の対立は、一九七七年一月の暴動をきっかけにして、政府が急進派を労働組合から一掃するに及んで、弱まった。すでに一九七六年にＥＴＵＦの新委員長に選出されていたサアド・ムハンマド・アハマドの下でも指導部内部の意見の対立は存在し続けはしたが、以前に比べると、より穏健でより統一的な労働運動の様相を呈するようになった。一九八〇年代になると、ターハ・ザキー工業相による公共部門の株式売却案やフアード・スルターン観光相による予約売却案（Subscription sales）などが提案されるが、ＥＴＵＦが激しい反対運動を展開して、拒否した。ムバーラク大統領自身も、一九八七年一一月になされた「アル・ワタン・アル・アラビー」誌とのインタビューで公共部門の売却は社会的・経済的な問題を引き起こすとして、危惧の念を表明し、売却に否定的な考え方を示した（Palmer, Leila & Yassin, 1988, pp.17–18）。こうして、一九八七年に至るまで公共部門の売却推進論は、反対論という大きな障害の前で退却を余儀なくされたのであった。その際、反対論の中でＥＴＵＦに代表される組織労働が、公共部門の擁護を主張した重要な勢力であった（Posusney, 1992, pp.91–92）。

政府は、いわば拒否権集団として地位を獲得していたＥＴＵＦに対して次第に苛立ちを強めていた。その結果、ＩＭＦとの協議妥結が間近いとされた一九八七年には政府とＥＴＵＦとの関係は転機を迎えた。アハマドは委員長の地位を罷免され、代わってアハマド・アル・アマーウィが選出されて、ＥＴＵＦは方向の修正を求められたのであった。その動きは、一九八九年五月、アマーウィ委員長とアーデル・ガザーリン・エジプト工業連盟会長による生産性向上に向けての労使共同宣言の発表となってあらわれた。この共同宣言は左派やいくつかの反対派組合からの強い批判を呼びおこしたが、そのような動きは公共部門再編の試みを阻止するまでにはＥＴＵＦ内で強くはなかった。そして一九九一年にはかつてちょうど十年前の一九八一年にＥＴＵＦが受け入れがたいと声明を行ったものとほとんど同じ内容をもつ『公共ビジネス部門会社法』が成立した。これは、経済政策の決定に際して一定の影響力を行使してきた利益集団としてのＥＴＵＦの地位が低下したことを象徴するものにほかならなかった。政府は、「労働者と農民」代表規定について、それが事実上形骸化しているにもかかわらず、今日まで何ら変更を加えようとはしてこなかった。さらに公共部門企業の再編にあたっては、従業員である労働者の持ち株会社制度を導入するなど、いくつかの新しい措置を講じた。それによって労働組合の反発を弱めようとしたのであった。しかしながら、一九五二年革命以後政府と組織労働組合との間に存在してきた互恵的な関係が、一九九〇年代には明らかに変化しはじめたのである。そうした変化を生み出した背景のひとつは、政府および与党ＮＤＰが次第に民間企業を重視する姿勢を見せはじめたことであり、またその結果増大した組織労働組合の不満であった。そこで、次に、実業家層について言及する必要があろう。

⑥民営化と実業家

インフィターハ政策下の一九七〇年代になると、かつてナーセルと実業界との間に存在していた敵意が緩和されはしたが、それでも政府の政策に対して実業家たちは慎重な姿勢を示して、積極的に参加するまでには至らなかった。だが、一九八〇年代になると、変化が生まれた。それは、長い伝統を誇る商業会議所や工業連盟などとは異なった新しいタイプの利益集団が形成されたことであった。一九八一年には『カイロ・アメリカ商工会議所』、『エジプト・アメリカ実業家協会』、そして『アレキサンドリア経済委員会』が、そしてその翌年の一九八二年には『エジプト実業家協会』が設立された。とくに、エジプト実業家協会は、エジプト・アメリカ実業家委員会とムバーラク政権が取り決めた会合の副産物として生まれたものであった。そして一九八三年から一九八四年にかけて実業家協会はムバーラク政権との民間部門の指導的な交渉者として登場した。その後、一九八五―八六年に実業界により好意的な内閣が編成されると、政府と実業家協会との私的な、非公式の会合は、閣僚と実業家協会の代表役員を含む合同経済委員会にとって代わられるようになった（Bianchi, 1989, p.173）。

このように一九八〇年代半ばに民間部門の実業家たちは、利益集団としてのロビー活動を活発化させたが、政党を通じても政策への影響力を増大させたことが注目される。与党ＮＤＰは必ずしも実業界の唯一の代弁者とは限らなかったが、にもかかわらず、政府よりも経済の自由化をより明確に主張した野党のワフド党支持の実業家たちの多くを与党はひきつけることができた。たとえば、農業部門に利益を有する実業家らは、ＮＤＰ内部でとくに有力な集団を形成した。家禽飼育業者、果物輸出業者、富農などＮＤＰ内部の農業利益集団のいくつかは、正式に同党に属していた。そうでない集団でさえ同党の農業委員会や経済委員会の審議に影響を与えようとしたし、それらの多くは次第に制度化された独立したロビー集団へと発展し、与党や他の政党、さらに内閣から便益を獲得すべく活動した（Sadowski, 1991, p.136）。

一九八〇年代における利益集団の台頭とそのロビー活動には注目すべきものがあった。しかし、こうした動きをトルコの民間部門および実業家層と比較するのもあながち意味のないものでもなかろう。かつて新生トルコ国家は旧オスマン帝国領から戻った人々の中から実業家層を形成させることに成功した。さらにその後、一九八三年以来オザル政権下では民間部門から数人の大臣を生み出したほか、祖国党は地方レベルでオルガナイザーとして実業家たちを利用したのであった。しかし、エジプトではこれまでのところ民間の実業家はだれひとり閣僚の地位にはついていなかったのである。さらに、エジプトの民間実業家のほとんどがこれまで規制論者であったということも見逃すことができない。これらの点で民間部門の成長をめぐるトルコとの違いを象徴的に見いだすことができよう。

5　おわりに

さて、これまでエジプトの経済改革の進展と政治的連合の再編について、公共部門の再編を中心にして考察してきた。一九七〇年代の半ばから十数年という長い年月をへた後に、エジプトは公共部門の売却による民営化政策に明確に乗り出したが、これは他の国々と比べてきわめてゆっくりとしたものであった。そのようなペースの遅さは、公共部門の改革がいかに困難な問題を抱えていたかを物語っていた。それは公共部門の存在理由そのものにかかわる政治的な問題であったからである。そしてかくも長い時間を要し、また気まぐれとも言えるような進行過程を生み出した主要因のひとつは、一九七七年の物価暴動が政策決定者に与えた大きなインパクトであった。その結果、とくにムバーラク政権はきわめて慎重に公共部門の問題に対処してきた。確かに民間実業家グループと政府の関係は、より一層改善され、政府は同グループの利益を重視し、その要望により大きな関心を払う姿勢を示すようになってはいるものの、ナーセル政権の下で形成された政治的利益連合の基盤には重要な変化はこれまでのところまだ生ずるには至っていない。インフィターハ政策が国家機構の内部から生まれたように、政府は、国家機構内部における根強いエタティズムへの指向やさらに民間実業家層における規制論の存在を背景にして、国家が経済活動の指導的な役割をなおも担い続けるあらたな手段として民営化や経済自由化政策を展開しているのである。したがって、民営化や経済自由化政策の意味するものは、その言葉から想像されるような経済における国家の指導的な役割の後退ではなく、むしろその役割の変容であると言うことができよう。その変容とは、包括的な社会経済的開発を推進する主体から利益を追求する資本主義的な投資家への役割の変容であった（Ayubi, 1989, p.68）。

第三章　転換期の福祉と福祉政策

1　はじめに　―福祉をめぐる今日的状況―

エジプトは、アラブ諸国の中では近代化に最も早く着手した歴史をもつ国であり、従って福祉制度の歴史という点でも他の国々に先駆けて早くからさまざまな試みがなされて来た。さらに、一九五二年の革命後に成立した政権の下では社会的公正が主たる理念のひとつに掲げられ、国民に豊かな福祉国家を実現することが目標とされ、そのための政策的な措置が導入された。その点でも、エジプトはアラブ世界の中では先駆け的な国であった。しかし、それと同時に一九五二年革命後のエジプトは、七〇年代に至るまでイスラエルとの間で軍事的対立を続けたために政策の優先度が国防におかれた結果、そのような福祉政策が十分に進められるまでにはいかなかった。イスラエルとの和平を実現して戦争状態に終止符を打ち平和時の経済を構築すべき時期が到来したときにも、国民の福祉に対して十分な関心が払われうるような環境からは程遠い現実の中におかれた。この時期にはアラブ産油国を中心としてオイル・マネーに潤う地域的なバブル経済の波にエジプトも飲み込まれたために、開発など福祉以外の問題に政策的優先度がまたしても与えられたからであった。このような背景の中で福祉に配分される資源が、日本や先進国と比べるとはるかに少ないという途上国に共通する傾向が続いてきた。そうした政策的、社会的な背景もあって、エジプトの福祉および福祉政策についての関心ならびに調査・研究も極めて少ないのがこれまでの現状であった。しかしながら、社会を含む環境への負の影響を考慮せずにこれまでのような開発至上主義の政策を継続することの問題点が、今日では多くの途上国においても次第に認識され始めている。開発に伴う環境の劣悪化につれて、国民の健康な生活をいかにして確保するか、つまり開発と福祉の問題が国民の一部において取り上げられるに至っている。それと同時に、財政上の制約から福祉の見直しが進められつつある。

エジプトにおいてもそれは例外ではない。一九九〇年代の後半には公共政策研究の一環として環境問題に関する研究が本格化する兆しが見えはじめたが、政府部内においても『エジプト環境問題庁』(Egyptian Environmental Affairs Agency)に加えて、閣内に環境問題担当の国務大臣を任命することによって政府として環境問題に対する取り組みを強める姿勢を示してきた。またエジプトでは市場経済化への経済政策の転換の中で、最も大きな影響を受けた領域のひとつが福祉の領域であった。したがって、エジプトの福祉状況を概観することは、転換期の国家と社会を明らかにすることにつながるものであり、かつ時宜にかなったことであろう。先進諸国では高齢化社会を迎えて高齢者の福祉・社会保障政策のあり方が社会的な争点となっており、またその財源確保の問題が一層深刻化しつつあり、福祉制度の将来における質的な後退が危ぶまれている。一方で、エジプトなど第三世界の国々は、人口構成のうえでは先進諸国とは対照的に青少年人口、すなわち一五歳以下の若年人口の占める割合が大きく、彼らにどのようにして雇用を提供するかが、これまで主要な課題であった。しかし、今日では、第三世界の国々でも状況は変わり始めている。その一例をエジプトが示している。

エジプトでは一九五二年革命後、医療や保健など生活面での著しい改善にともなって国民の平均余命が長くなった結果、高齢者人口が増加しつつあり、その福祉対策が問題となり始めている。確かに、それはまだ先進国におけるほどの深刻さを呈してはいない。けれども、高齢者問題という第三世界の国々とって新しい問題は、高齢者の福祉のみに限られた問題ではなく、将来的には雇用の分野など社会のさまざまな問題に広がりをもつものであり、エジプトの場合には、とくに労働市場の分野で若年層の利害と関わらざるを得なくなるので、古い問題（若年層問題）とともに同時進行的に対処していかねばならない重要な課題になろう。こうした展望は、おそらく多くの途上国においても、多少の時間的な差はあれ、将来共通した課題となるに違いない。したがって、問題のあり方を概観しておくことが重要であろう。

エジプトでは現在進められている市場指向型の経済への転換においてさまざまな措置が導入されたが、その結果として、歪みも生ずることになった。そのひとつが、福祉政策の後退であった。これは、かつてナーセル政権下で追求された福祉国家政策の中で諸権利を享受してきた人々の既得権を奪うものであり、そうした社会層の政治的・社会的な反発を招き、ひいては現在進行中の経済改革にとっては不安材料になりかねない。この点で、ナーセルの追求した福祉政策のあり方とその今日的な遺産について改めて検討することが必要とされている。

エジプトの福祉と福祉政策の検討は、このような意義を持つものであるが、本章では、狭義の社会福祉の制度的な説明というよりも、むしろより広く公共政策を通じてみた社会福祉のあり方に重点をおいて概観する。何故ならば、すでに述べたように、一般に発展途上国では社会福祉制度の整備・発展が著しく立ち遅れていること、またそれに加えて、制度と適用、つまり実際との間に大きな隔たりが存在すること、さらにエジプトの事例においては法制度的な検討をするまでには資料および研究蓄積が極く限られているからである。

2 歴史的概観

①一九五二年革命以前

一九世紀の半ばに至るまでエジプト人の福祉についての考え方を主として規定したものは、イスラームであり、次いで家族つまり血縁的な連帯であった。イスラーム、ことにスンナ派イスラームは、信仰共同体の集団的な安寧と公正の実現とその維持とを重視した。社会的公正を実現するための仕組みとして、持てるムスリムの義務としての貧者に対するザカート（喜捨）の徴収やワクフ（宗教的寄進財産）などの制度を発達させてきた。エジプト近代においては一八三五年に宗教的基金としてのワクフが創設されて、救済事業と慈善事業とを組織化する最初の試みとなった。緊密な家族の結び付きを重視するエジプトの伝統もあって、慈善活動は親族から始められる傾向が強かった。

その後、一九世紀半ば以降になるとヨーロッパ、とくにフランスの影響による近代的な社会福祉の考え方が出現するようになった。一八七七年にはイスラーム福祉協会が設立され、貧者の扶助と援助を必要とする子供達の教育を行った。同様に、一八九一年にコプト（キリスト教徒）福祉協会も設立された。これらがエジプトでの自発的な福祉活動の始まりを示すものであった。

二〇世紀初頭になると労働組合運動が始まり、労働条件の改善を求める要求と運動が展開されるようになった。特に、一九三〇年代に顕著になったエジプトの抱える社会経済問題、ことに経済的危機が深刻化する中で、政府はそれへの政策的な対応を講じなければならなくなった。その中で社会福祉に関する最初の措置として注目されるものが、一九三六年にアリー・マーヘル内閣の下で内務省と教育省の管轄下に「社会改革高等委員会」が設立され、すべての救済活動がこの機関の権限の下におかれたことであった。その三年後の一九三九年には「社会問題省」が設置され、同委員会の権限を継承した。これに伴い、同年にカイロに、また翌年にはアレキサンドリアに社会福祉の活動家を養成するための専門学校が開校した（J. Iwan, 1968, pp.266–267）。

ところで、五二年革命以前には福祉のあり方をめぐって、醵出制の社会保険か公的扶助かというふたつの考え方が存在した。前者は労働争議とそれがもたらす社会不安への対応を重視して、都市の産業労働者の労働条件を改善しようとする意図を背景とするものであり、他方、後者は急進主義と共産主義が農村の疲弊の下で浸透するのを防ぐための手段として位置づけられるものであった。政府の立場は、時の社会経済状況によって、また同時に都市と農村のいずれを政権の主たる支持基盤とするかによって、この二つの間を揺れ動いた。革命直前の一九五〇年に成立した「公的扶助（生活保護）法」の下で、年金と社会的保護の二つの基本的な事業が創設されたが、乏しい財源の下でいずれの事業も極めて限られた人々に極く少額の給付金を提供するに止まった。

②共和制下における福祉

革命政権は当初、一九五〇年の公的扶助法に新たな事業を付加することで、ほとんど変更を加えることがなかった。しかし、一九五六年から一連の社会保険法の制定に着手し始めた。それらは産業労働者に対して災害や疾病、死亡の際に保護を与え、また退職手当を提供するというものであった。公的扶助が社会改革の要求に対する旧体制の主たる対応であったのに対して、社会保険は新政権の主要な対応であった。それは政治的支持を維持するために、都市労働者にアピールしたものであった。一九六一年に「社会主義」が正式に宣言されて以降、社会保険はイデオロギー的に特に重要になった。三年後に公的扶助もまた政権によって正式に採用されて、社会保険と同じイデオロギー的な役割を担うことになった。また一九六二年には「国民憲章」が採択され、いわゆるアラブ社会主義が公式のイデオロギーとなった。国民憲章では、健康に関する福祉の権利はすべての市民の権利の中で最も重要なものであると謳われていた。

このようなイデオロギー的な展開を受けて、一九六四年になり新しい公的扶助法が導入された。

これは包括的な福祉制度をなすものとの説明が政府によってなされたが、内容的には旧体制下での一九五〇年に設立された法における給付額を増加させるものに過ぎなかった。しかし、政府の財政的なコミットによって、公的扶助への支出が飛躍的に増加することになった（J. Garrison, 1978, pp.286–287）。

しかし、一九七〇年九月にナーセル大統領が突然死去した後に政権を継承したサダートの下で公共政策の見直しが進められた。だが、サダートは、「革命と社会主義の成果」と呼ばれるナーセルによるアラブ社会主義政策が生み出した制度や既得権益をどのように再編するかという困難な課題に当面した。従って、政権初期の一九七一年九月に承認された現行憲法はナーセル体制の多くの遺産を継承していた。すなわち、その第一部「国家」では冒頭の第一条においてエジプトが「労働する人民の連合に基づく民主的な社会主義的体制」を掲げる共和国であるとし、第二条では、「イスラームは国家の宗教であり、アラビア語は公用語であり、イスラーム法の諸原則は立法の主たる源泉のひとつである」とする。さらに、第二部「社会の基本的要素」の第一章はエジプト「社会は社会的連帯に基づいている」（第七条）という条項から始まり、その第一七条は「国家はすべての国民に対して社会・健康保険と障害者・失業者・老齢者への年金を保障する」と明記している。また経済の基本的要素を規定した第二章では社会的公正（正義）の実現が強調されている。

サダート路線は一九七四年の『十月白書』の宣言によって次第に明確化した。それは、公共部門および農業部門の統制を維持しつつ、経済の部分的な自由化を目指すものであった。公共部門は開発計画を実施するための主要な要素であると引き続き見なされはしたが、肥大化による非能率と民間部門への圧迫など多くの改革すべき問題が指摘された。結局、後にインフィターハ（開放）政策と呼ばれる新たな戦略は、民間の国内および外国の投資が積極的かつ競合的な役割を果たし得るようなより規制の緩和された経済を指向するものと見なされた。

しかし、インフィターハ政策の導入に伴って、社会福祉は次第に見直しがなされるようになり、福祉をめぐる状況には著しい変化が見受けられるようになった。それは、社会福祉や社会保障サービスの分野において三重構造、すなわち公共部門、民間部門、およびインフォーマル部門からなる構造が形成されるようになったことであった。他方で、社会のイスラーム化傾向の中で、社会福祉もイスラームの自発的団体などによって以前にも増して活発に担われるようになった。

3　公共政策の展開と福祉

①保健政策

『人的資源開発報告書一九九七―九八年』には、一九九六年時点でのエジプト人の健康状態を示す指標が掲げられているが、それらをまとめると表1のようになる。

この諸指標の中では下水設備の不備が目立つとともに、医師と看護婦数の増加がなかなか進まない状態が示されている。下水施設に関しては都市と農村のギャップが大きく、カイロをはじめ

表１　保健状態の諸指標（1996年）

平均余命			66.7歳
保健サービスへの接近度		都市部	100.0%
		農村部	99.0%
水道水への接近度		全国	82.6%
		農村部	70.7%
下水設備		全国	45.1%
		農村部	17.9%
１人あたり１日のカロリー		(1995年)	4118カロリー
１万人あたり医師数		(1982年)	5.4
(保健省管轄のみ)		(1997年)	7.1
１万人あたり看護婦数		(1982年)	9.1
(保健省管轄のみ)		(1997年)	11.0
10万人の出生あたりの母親の死亡率		(1992年)	174人
1000人あたり幼児死亡率	(登録値)	1961年	108.0
	(登録値)	1996年	28.7
	(修正値)	1996年	34.0
５歳以下の死亡率	(登録値)	1961年	204.0
	(登録値)	1996年	39.0
	(修正値)	1996年	44.3

(出所)『人的資源開発報告書1997－98年』118－121頁。

とする四つの都市県全体では九〇%を上回っているのに比べて、下エジプト農村部では二二・五%、上エジプト農村部では一二・四%、国境県農村部では五・八%と著しく低くなっており、農村の生活における健康と衛生条件の改善を妨げる一因をなしている。

【革命政権下の保健政策】

保健省は一九五二年革命前の一九三六年に設置されており、都市貧困層のために公的な病院を建設していたが、施設と職員の双方とも不十分なものであった。革命以後、政府は国民の健康を改善しようと努めた。一九六四年にはすべての公共部門および民間部門被雇用者に対して医療費と疾病給付金とを提供する健康保険法が成立した。ナーセル政権の保健政策は、国民全体に基本的な保健サービスを提供するとともに、慢性病、特に農村地帯における慢性病を除去することを目的とした。一九六〇年から六五年、六五年から七〇年にわたる二つの五ケ年計画でそのために支出を予定された額は、社会サービス部門における投資総額の五・九%に達するものであった。このような戦略的な計画の策定は、サダート大統領のインフィターハ政策の下では毎年の計画に取って代えられた。そして保健関連事業は、外国による援助事業に依存するようになった（J. Ismael & T. Ismael, 1995, pp.54–55）。例えば、カイロ大学小児病院や上エジプト地方における家族計画母子保健事業などは日本の援助によるその一例である。

革命以後のエジプト国民の保健状況を振り返ってみると、公的資金の投資という点では一人当たり健康への公共支出は五二年から七六年の間に約五〇〇%増加したことに示されるように改善された部分はある。しかし、五歳までの幼児死亡率は低下したものの、なおも幼児死亡率がエジプトにおいて死亡率の第一位を占める事情には変わりない。保健省は無料で基本的な健康管理サービスや保健教育を提供してきたが、そうしたサービスを享受しえない多数の国民が現実には存在している。

政府は一九九〇年までに一三〇〇の社会事業センターと五一〇〇の社会保護協同組合を設立した。前者は、成人の識字教育、保健教育、職業訓練を行ったり、家族計画について指導した。後者は、それらに加えて、働く母親のための児童保護センターや身障者に対する援助、老人への交通手段の提供を行った。前者のおよそ六五%は村にあり、多くの村では地方公共保健診療所と結び付いており、第一次的な健康管理事業を補完していた。一方、社会保護協同組合の六五%は都市部にあった。これらの活動は、しかしながら、七〇年代末以降の資金不足によって、限定的なものにとどまった（H. C. Metz, 1991, pp.148–152）。

【現行の健康管理制度】

今日の健康管理制度は、政府部門、公共部門、および民間部門からなる三つの法的枠組みの下におかれている。その相対的な重要性を知るために一九九七年時点でのベッド数の割合をみれば、政府部門を構成する保健省と大学病院がそれぞれ五八%と二〇・七%、公共部門を構成する健康保険機構が一〇・七%、そして民間部門が一〇・六%であった。

政府部門は保健省、大学病院、および他の省の健康管理施設の三つから構成される。保健省の管轄は底辺をなす地域の保健センターやクリニックから郡（マルカズ）の総合病院をへて二六の県総合病院にまで至るピラミッドをなす施設である。大学病院は一三の大学の医学部に付属する三六の大学病院であり、高等教育省の管轄下にある。三番目の施設は国防省や内務省などいくつかの省が所有し管理する健康管理施設や政府の省の職員組合の管理する施設である。

公共部門は政府が所有する施設を健康保険機構など公共部門機関が管理する施設と他方でエジプト航空などの公共企業が所有し管理する施設とから構成される。

民間部門には民間のクリニックや病院、さらに民間の保険会社による健康保険事業が含まれる。近年注目されるのが、非政府組織（ＮＧＯ）や民間のボランタリー団体による健康管理サービスの提供である。また七五二ある民間病院のベッド数の五〇％以上はカイロ、アレキサンドリア、ギーザなどの都市部に集中している。

エジプトの保健管理部門が抱える問題のひとつは、その非効率性であった。それは末端部分の業績の乏しさ、調整の欠如、人員配置のまずさ、医師の過剰配置、設備の水準の低さ、治療保健の重視、施設の老朽化、地域的な不均衡、そして利用率の低さといったものであった。もうひとつの問題は、高額の診察・治療費を必要とする民間部門の医療機関の増加である。これまで医師と医療技術者が増加するとともに、政府が国民全体に低価格ないし無料で保健サービスを長らく提供してきたために、公共の保健所は、自己の安い給料に不満を抱く医師が、低価格の、そして短時間で終わってしまう診療に不満をもつ患者らに対応する場所となっていた。今日、近代的な、利益指向の商業主義的な医療機関が増加している背景にはこのような事情が存在している。こうした民間の病院や診療所は大都市、そしてその高所得者居住地区に主として存在している。このような傾向を他方で助長しているのは、都市問題の深刻化である。特に、カイロを中心とする首都圏では人口増加に伴うスラムの拡大や自動車の増加による大気汚染の進行などが深刻化し、そこに住む人々の健康な社会生活を確実に蝕みつつあるからである。

②社会保険と福祉

社会保険と福祉制度は経済の転換期にある今日見直されつつある対象のひとつである。とりわけ社会保険に関わる資金の規模が、マクロ経済および福祉の問題に少なからぬ影響を及ぼすものだからである。世銀の報告書によれば、一九九四―九五年度において年金基金への雇用者および被雇用者による拠出額は、ＧＤＰの三・五％に達した。これは、国内総貯蓄の二一％に相当した。また給付支払いと年金基金への財政移転はそれぞれ二・五％、一・五％であった。社会保険の収入から支出を差し引くと、同年度にはＧＤＰの五・三％であり、累積積立金（余剰額）は一九九五年央でＧＤＰの三三％に達している。

福祉と社会保険に関わる国の主たる機関は保険・社会問題省（Ministry of Insurance and Social Affairs : MISA）である。同省は社会扶助事業と社会保険事業の二つの事業を主としてとりおこなう行政機関である。そしてこの二つの事業がエジプトの社会保障制度の根幹をなしている。それぞれの事業内容をみてみよう。

社会扶助事業は、現金ないし現物の支給により緊急の援助を提供することであり、また働けない人々や社会保険給付の資格を得るまでには長期間働かなかった人々に対して収入の扶助や他の福祉援助を提供するものである。財源は政府の一般収入からあてられる。エジプトでは二種類の社会的支援があり、そのひとつは貧困層への直接的な移転である。それは現金の支払いであったり、あるいは現物やサービスであったりする。もうひとつは貧困層の収入形成能力を高めるためのローンである。現金給付事業には年金の支給や孤児・寡婦などへ給付を行う「社会保障事業」、他の保険事業の受益者にはならない貧困層を専ら対象とする「包括的社会保険事業」や「サダート年金事業」、「ナーセル社会銀行年金事業」、さらに一九九六年に創設された「ムバーラク社会連帯事業」などがある。いずれも一九七〇年代以降に設立されたものであることが注目される。

社会保険事業は年金給付と障害・死亡・失業・疾病による所得損失に対する保険を提供することを主たる事業（一九七五年の法律第七九号）とするものであり、保険監督庁の監督の下におかれている。この事業は労働法の適用を受けるすべての政府、公共部門、および民間部門の被雇用者を対象とするものである。掛け金は組合員の基本給ならびに可変的な賃金とに基づいて算出される。

事業の財源は、雇用主、被雇用者、および公的資金の三つから拠出される。さらにこの主たる事業のほかにいくつかの事業が含まれるが、「自営業者のための保険事業」、「海外で働くエジプト人のための保険事業」、およびすでに述べた「包括的な社会保険事業」などである。

社会保険事業の対象者は一九九五—九六年度には一六五〇万人であり、人口の二七%に達した。年金受給者は六一〇万人にのぼり、人口の一〇%に相当した。このうち主たる事業の下で対象とするのは一九九五—九六年度ですべての対象者の五五%、年金受給者では二九九万人で四九%を構成した。これに対して包括的な社会保険事業の対象者は一時的な農業労働者、一〇フェッダン以下の土地所有の小農、小規模自営業者、家事労働者などが対象で、かれらは月に一ポンドの掛け金を支払う。この事業の主たる財源は公的資金、ナーセル社会銀行の拠出金、およびあらかじめ定められた税金である。年金は一九八〇年にこの法律が成立した当初には月額一二ポンドに固定されていたが、その後段階的に増額されて九〇年代半ばには五七ポンドに引き上げられた。しかし、この額でも法律七九号が対象とする社会保険事業の平均年金額との間には大きな格差が存在している。また法律七九号事業の対象者の公務員とそれ以外の事業の対象者との格差も著しく大きい。

一方、MISAの社会問題担当部門は民間のボランタリー団体への資金援助を通じて、老人、障害者、母子家庭、貧困家庭に対する各種のサービスを提供する。あらゆるボランタリー団体はMISAへの登録を義務づけられており、またその活動資金を同省に全面的に依存しているために、それらの団体は事実上政府の公的な社会扶助サービスの担い手としての性格をもっている。しかし、八〇年代に社会扶助への政府の財政的な資金援助が減少する傾向の中で、主として宗教的な団体による民間およびインフォーマルな部門での社会扶助活動が着実に拡大されつつあることも注目されるところである。一九八〇年代半ばにイスラーム系のＮＧＯの数はエジプトの民間ボランタリー団体の三五％をなしたと推測されている。また非公式の推定では一九九一年にそれはおよそ一万四〇〇〇ある登録団体の四三％に達するとされた。中でも『コーランとムハンマドのスンナにしたがって行動する人々のための合法的な／宗教的な団体』と称する組織は、全国二六県に支部とカイロには一二三の支部をもち、一〇二〇ほどのモスクをその影響下におき、今日エジプト最大のネットワークを有するもので、病院、クリニック、図書館をもっている（Denis J. Sullivan and Sana Abed–Kotob, 1999, chap.2)。

③住宅政策

【住宅問題】

エジプトでは国土のわずか三ないし四％の狭い土地に人々が生活しており、人口増と都市への人口集中によって都市部における住宅問題は、これまで政府が常に対応を迫られる深刻な問題でありつづけてきた。すでに第一章で明らかにしたように、とくに、一九七〇年代半ばから八〇年代半ばまでの時期では人口成長率は、年平均で二・七五％と高い数値を示したが、その結果、人口密度は一平方㎞あたりで一一七〇人で世界でも人口密度の高い国の一つとしていた。なかでも、カイロやアレキサンドリアの人口密度の高さは著しいものであった。たとえば、同じ時期にカイロでは一九・三％の割合で人口が増加した結果、カイロを中心とする大カイロ圏の人口は、一九八六年には一〇〇〇万人を上回り、エジプト人口全体の二〇・二％を占めるまでになった。当然のことながら、大都市を中心とするこうした人口の急速な増加は、行政サービスに対する大きな圧力を生み出すこととなった。そのひとつが、住宅不足に対する住民の不満であった。

住宅事情がとくに深刻化したのは一九七〇年代になってからであった。ことに、カイロを中心とする首都圏の住宅事情は劣悪化した。一家族あたりの部屋数、老朽化、違法建築による建物の崩壊、家屋の屋上のスラム化、周辺部のスラムの拡大などが進んだ。たとえば、一九七六年には一部屋で暮す家族は二四万一〇〇〇世帯で九八万九〇〇〇人を越えていた。そのひとつの帰結として、カイロの富裕層の伝統的な墓地であった「死者の町」にまで多くの人々が移り住むようになった。

住宅市場は民間の投資と投機の対象として常に好まれてきた。公共部門は、低価格の住宅に対する巨大な需要のほんのわずかな規模しか満たそうとしなかったために、民間企業が都市の需要を満たすことによってしばしば大きな利益をあげることができた。公共部門が建設資材の分配を独占していたために、民間の建築業者の中には十分な資材を入手することが困難な業者も少なくなかったので、建築許可で定められた量の建設資材を使わずに大きな建物を作り上げることが行われた。その結果、そのような違法建築物の中には崩壊するものもあらわれた。それはとくにカイロの貧困地帯でしばしば発生した。

一九七〇年代以降の危機的な住宅事情の悪化をもたらした原因は、建設資材と建設労働者の不足、住宅の価格の急騰、および莫大な海外送金の流入に求めることができる。住宅不足は民間投資家による投機的な住宅の購入を促すとともに、不動産価格をつりあげた。建築されていない土地区画は課税されないために、地主は土地をすぐには開発しようとはせずに、投機の目的でそのまま放置した。こうした事情に加えて、住宅問題をさらに悪化させたのは、アラブ産油国への多数のエジプト人の出稼ぎ労働であった。そこで得られた巨額の海外送金がエジプト国内に流入して、その多くが不動産の購入にあてられたために、不動産価格の上昇を招いた。また建設労働者の産油国への流出によって賃金の上昇を招く原因にもなったのである。

一九七〇年代末に都市部では三五%、農村部では二五%の住宅が不足していた。カイロで建設される平均住宅数は、推定必要数とされる戸数からはほど遠い数で、年間に五万戸以下であった。推定ではさらに五万六〇〇〇戸が必要とされた。その内訳は、人口増に見合う三万六〇〇〇戸、ホームレスの避難場所として九〇〇〇戸、危険な住宅に住む人々のための七〇〇〇戸、そして住宅密集緩和のための一〇〇〇戸であった。このような住宅事情を抱えるカイロであるが、しかし同時にかなり多数の空屋を抱えていることは、注目されよう。一九八六年のセンサスによれば、一〇〇万戸の空屋があった。また建築中の多くの建物も存在していた。この背景にはさまざまな理由が考えられるが、政府による住宅の賃貸料の統制を回避するための措置であったり、子供たちの結婚に備えて空家のままにしておくなどの場合が多かった（Gil Feiler, 1992, pp.297–298）。

【住宅政策】

ナーセル政権による住宅市場への介入は有名であるが、住宅問題へのエジプト政府の介入は、それよりもずっと以前の一九四〇年代に賃貸料統制法を導入することにより始まった。それは低所得者層に対して住宅コストを削減する制度として採用されたものであった。

革命後ナーセル政権下においては、一九五〇年代末までは住宅の資金と建設はほとんどが民間によって行われたが、一九五八年以降賃貸料の統制と公共住宅の建設を柱とする新政策が開始された。この政策は、総じて低所得者層にとっては好ましいものであった。しかし、公共住宅の建設はカイロやアレキサンドリアなどの大都市に集中していたし、その数も少なく不十分なものであった。さらに賃貸料の統制は、借り手に有利に賃貸料を減少させたものであったために、住宅への民間投資の意欲を減退させた。

一九六〇年代には政府は住宅市場に直接的にも間接的にも介入したが、賃貸料の統制、輸入材の規制による建設資材の価格の上昇、さらには官僚機構の形式主義が重なって、政府の規制は住宅建設事業の停滞という結果を招くことになった。

サダート大統領の下で住宅政策の転換がもたらされることになった。サダートのインフィターハ政策の下では住宅市場への投資資金源が民間部門に求められ始め、住宅市場の規制が緩和される方向に向かった。同時に、カイロやアレキサンドリアの人口密集を緩和するための諸措置が導入されるとともに、新たな国家政策の一環として、新都市の建設計画が決定された。しかし、政策の転換にもかかわらず、賃貸料統制法が存続したことにも注目する必要があろう。

賃貸料統制法の最も重要な効果のひとつは、それが民間の建設を妨げる一方で、比較的豊かな社会層を補助金付きの安価なアパートにとどめさせたことであった。この法によって設定された賃貸料は市場価格よりもはるかに低いものであったからである。しかし、賃貸料統制法は家主にとっては課税であり、借り手にとっては補助金であったから、家主は、いかにしてその規制を回避するかが最大の関心であった。したがって、多くの家主は同法が統制の対象から免除している家具付きアパートで貸したり、あるいは外国人に貸したり、コンドミニウムとして売却するという方法をとった。また家主が「キー・マネー」と呼ばれる法外な敷金を借り手に要求する非合法な方法をとる場合もしばしばみられた。このような傾向は一九七〇年代には日常的にみられるようになった。

一方、新都市の建設は、一九七八年に「ラマダーン一〇日市」の建設が開始されたのに続いて、「五月一五日市」や「サダート市」などのプロジェクトが着手され、当初の計画人口は七つの新都市を合わせて二五〇万人に設定された。

一九六〇年から一九八三年までの期間における住宅建設の部門別構成では、公共住宅の比率は民間部門の住宅に比べてはるかに少ない。とくに、一九七七年から一九八三年の時期には公共住宅の一五万戸に対して民間の住宅建設数は六一万九三〇九戸とそれ以前の時期よりも民間の比重が一層大きくなっている（Feiler, 1992, pp.299–300）。公共住宅事業は公的財源を圧迫してきたが、その受益者は、公務員、軍人、専門職など中間層の人々であった。とくに安価な公共住宅は低賃金の公務員の住宅コストを減少させるために支給される間接的な賃金補足であった。したがって、国民の大多数をなす貧困層のための住宅政策が必ずしも明確には提示されていなかった。

ここでムバーラク政権下において今日までに建設された住宅戸数をまとめてみれば、表2のとおりである。

この表によれば、ムバーラク政権の第一期（一九八一―八六年）には低所得層向け住宅、アラビア語では「経済的な」と表現される住宅が全体の五五％から六五％を構成していたが、一九八七年から変化が生まれたことがわかる。ここでは適切な日本語表現が思い浮かばないのでとりあえずコスト削減タイプと表記しておくが、従来の低所得層向けの住宅よりもさらに貧困な人々を対象にした住宅が建設され始めたことである。一九八八年以降は低所得向け住宅の著しい減少と新たなタイプの住宅の急増という現象が生まれた。一九八〇年代末以降はこれら二つのタイプの住宅の合計が、ムバーラク政権初期の低所得層向け住宅が占めていた割合とほぼ同じになり、一九九〇年代にはその割合が七九％にまで増加する年も現れた。こうして九〇年代はコスト削減タイプが戸数の上で最も大きな比重を占めるに至った。

ムバーラク政権の発足とほぼ同じ頃にシューラー（諮問）議会では「住宅問題特別委員会」を設置して、一九八二年から八三年にかけて住宅問題について検討を加えたが、その時の議論では、都市に住む人々を四つのグループに分類して、それに相当する四つのタイプの住宅が必要であるとした。そのグループとは、限られた収入をもつ人々、中間的な収入をもつ人々、高い収入をもつ人々、そして極めて高い収入をもつ人々の四つであった。これらのグループに、「庶民的な住宅、

表2　都市部における住宅建設戸数（1981－1998年）

住宅のタイプ	1981-82	1982-83	1983-84	1984-85	1985-86	1986-87
低所得向け	96334	92841	88739	83830	89547	109329
中間層向け	36707	46622	35710	27827	34493	47937
中間層以上	14717	20783	17954	7965	17451	16800
高級タイプ	3411	8331	7550	9042	7009	7217
合　計	151169	168577	149953	128664	148500	181283

	1987-88	1988-89	1989-90	1990-91	1991-92	1992-93
低所得向け	100749	84789	38411	46280	54658	15381
中間層向け	58203	56043	35667	34377	32048	15819
中間層以上	15982	17137	13864	14095	13236	6502
高級タイプ	5742	5633	14349	4958	5521	3624
コスト削減タイプ	4127	26227	53494	60903	66697	81772
合　計	184803	189829	155875	160613	172160	123098

	1993-94	1994-95	1995-96	1996-97	1997-98
低所得向け	14937	21882	15399	31341	24191
中間層向け	16447	26112	23549	18554	20573
中間層以上	6750	6373	4366	3734	4532
高級タイプ	218	145	197	278	160
コスト削減タイプ	49136	40031	38804	32674	36257
合　計	87488	94543	82315	86581	85713

（出所）CAPMAS『統計年鑑』1988，1994，1996，1999年版より作成。

表3　住宅建設の部門別構成（戸数と投資額）

部門＼年度	1992－93年	1994－95年	1997－98年
公共ビジネス部門	86524(70)	53211(56)	58534(68)
	905122(72)	942779(72)	2233098(84)
民間部門	36574(30)	41332(44)	27179(32)
	352878(28)	371067(28)	420718(16)
合　計	123098	94543	85713
	1258000	1313846	2653816

上段：住宅戸数，下段：投資額（1000ポンド），カッコ内は比率（％）
（出所）『統計年鑑1952－1993年』212頁，『統計年鑑1990－1995年』222頁，および『統計年鑑1992－1998年』176頁より作成。

中間的な住宅、中間より上の住宅、高級な住宅」というタイプが構想され、将来都市部での住宅の必要性は、庶民住宅が七〇%、中間住宅が二五%、そして中間より上の住宅が五%であるとされた。ここでいう庶民的住宅がこの表の「経済的な住宅」に対応するが、一九八七年以降の変化はエジプトの財政危機の深刻化に対応した変化の表れとして注目される。つまり、従来のような低所得向けの住宅にさえも住むことができない人々が無視できなくなったことへの政府の対応の現われであった（シューラー議会報告書第二〇号『エジプトにおける住宅問題に関する特別委員会報告書』カイロ、n.d.）。

なお、表2のすべての年度について部門別構成を知る資料がないために、部門別構成について同様な検討を加えることができないが、とりあえず入手しえた断片的な資料ではあるが表3として提示しておこう。

表3では一九九〇年代には公的部門（公共ビジネス部門）が住宅建設戸数および投資額の両方で大きな比重をなしていること、とくに九〇年代初期の事例以外では戸数の占める割合に比べて投資額がかなり大きくなっていることが示されている。この表については、一九六〇年以降住宅建設戸数の部門別構成では民間部門が公共部門を一貫して上回っており、その傾向はサダート政権下の一九七〇年代以降は大きくなっていたことを考えると、表3に示された民間部門の比重の少なさをどのように読むことができるかはここでは留保せざるをえない。戸数および投資の双方とも民間部門の割合が少なすぎるという印象を受ける。また九〇年代は住宅建設戸数が減少傾向を示しているが、このことは政府が住宅への要求が低下しつつあると判断した結果とは考えられず、むしろ住宅建設に振り向ける財政的な余地がなくなり、住宅はいわゆるインフォーマル部門に任せる、つまり増えつづけるインフォーマル部門の現状を追認する姿勢をより明確にしたものと理解する方が適切であろう。そこでインフォーマル部門について若干言及する必要があろう。

一九七〇年代以降に増加した住宅がインフォーマルな、つまり違法な建築であった。一九六〇年代以前にはカイロでは全住宅の四四%と推定されるほど多かったが、その割合は一九七六年以後七五%にまで増加し、さらに一九八〇年代には八〇%にまで達したとされる。このような違法建築は農地やナイル川の河川敷にまで拡大しているのが懸念されているが、その拡大を生み出したのは、住宅への要求がもともと著しく強かったところにインフィターハ政策の下で住宅建設ブームが一挙に高まったからであった（Feiler, 1992, pp.300–301）。

4　高齢者問題

六〇歳以上の人々を高齢者と見なすと、エジプトではその人口は一九九六年センサスによれば、五・八％で約三四四万人であり、人口全体に占める割合はごくわずかである。だが、高齢者問題はその人口比率をはるかに越えた重要性を帯びている。それは、この問題が社会のあり方の変化を示しているからである。エジプトをはじめとする第三世界の社会の多くは、ひとつの家庭の中にいくつかの世代を抱える大家族を普通とみなす暮しをしてきた。そうした家族共同体の中で高齢者には重要な役割が与えられ、また援助を必要とするにいたった高齢者には家族ついで地域共同体によって保護の手がさしのべられるのが通例であった。ところが、都市人口の増加につれて、都市を生活の場とする人々がふえた結果、従来のような大家族のあり方が次第に姿を消す傾向が現れ、すでに第一章において述べたように、いわば核家族化に近い現象が生まれつつある。このようにみるならば、高齢者をめぐる環境の変化は、途上国における社会変動のあり方と密接に関わっていることが理解できる。家父長制的な家族構造とそれに支えられた社会秩序が次第に動揺し、家族を始めとする社会構造が変化する中で、高齢者の問題が「問題化」するに至っているのである。エジプトでは近年、地方において中小都市の成長がみうけられるので、高齢者問題はカイロやアレキサンドリアなどの大都市のみに限られた問題ではなくなるであろう。ここでは、とりあえず高齢者問題が社会変動を反映したものであり、女性の役割あるいはジェンダーの問題やイスラーム化など今日の突出した社会問題と同じ脈絡をもっていることに言及するにとどめておき、エジプトにおける高齢者の現状について具体的にみてみよう。

一九六〇年以降実施された人口センサスによれば、全人口に占める高齢者人口の比率は必ずしも上昇し続けているわけではない。それは、六・一%（一九六〇年）、六・二%（一九七六年）、五・六%（一九八六年）、五・八%（一九九六年）と推移してきた。しかし、絶対数でみれば、一九六〇年から一五八万、二二七万、二七〇万、三四四万人へと増加してきた。国民の平均余命が高まる中で、来る二〇三〇年には人口の一〇%を高齢者が占めるようになると予想されているが、エジプトの医療現場では老人医療の専門家不足という状況を抱えている。一九九〇年代半ばまでエジプトではアレキサンドリア大学とアイン・シャムス大学の二つしか全国に老人病治療施設をもっていなかったのである。専門の医師の不足に加えて、専門の看護婦の養成も十分には行われなかった。このような状態であったから高齢者を看護する施設も一九七〇年代になるまでは作られなかった。

一九九〇年代末時点で、全国におよそ七七の老人ホームがあるが、その八〇%はＮＧＯによって運営されており、また慈善の寄付や滞在費によってまかなわれている。これらの施設の収容能力は、平均でせいぜい四〇人程度であり、ごく限られた人々しか受け入れることができない。それに加えて、ほとんどの施設は、カイロ、アレキサンドリア、ガルビーヤ県にあるために、一層限られた人々しか利用できないのが現状である（*Al-Ahram Weekly*, 15–21 July 1999）。老人ホームの設備や看護サービス、そして滞在費はさまざまであるが、総じて政府が運営する公的な施設の生活条件は居心地のよいものではないが、にもかかわらずほとんどの施設では、入居を希望して空室を待つ多数の人々がいる。民間の施設の中にも大きな違いはあるが、政府のそれよりもはるかに清潔で、よい設備が施され、優れたスタッフを抱えて質の高い看護やサービスを提供し、富裕な高齢者層をひきつけるものもある。「エジプト婦人協会」が設立した施設である『高齢者を敬うホテル』や『高齢者のための緑の園』などが名高いものである。

一方、カイロの下町インバーバ地区にあるイスラーム慈善団体に属する老人ホームを例にとると、そこでは月に一〇〇ポンドから一五〇ポンドの費用で三四人の高齢者が滞在しているが、一〇〇人の希望者が入居を待っている。滞在者のうちで八人は資金源がないために、滞在費を免除されている。この施設に滞在するほとんどの人々は、寡婦か男やもめで、金銭的な理由で、結婚した子供たちのためにアパートの部屋を去らなければならなかったという。

社会問題省は老人ホームに対して財政的な支援を与える一方で、内部に高齢者問題を検討する委員会を設けるようになって、以前よりも関心を強めているかのようであるが、財源の制約が大きな障害となって十分な事業を立ちあげるには至っていない。したがって、同省を始めとする公的な取り組みよりも、むしろ民間のいくつかのＮＧＯの活動が注目されている。たとえば、『社会奉仕のためのコプト福音組織』は、他の医療施設と協力して、高齢者に自宅で医療や看護のサービスを提供する活動を行うとともに、失業青年たちに初歩的看護や応急手当の指導をおこなっている。

5　おわりに

一九七〇年代以降エジプトでは劇的な形をとった外交と経済政策の転換を筆頭にして公共政策の見直しが進展した。そうした公共政策全般に渡る見直しはゆっくりと今日に至るまで続いてきた。その過程において顕在化したのが、あるいは別の表現で言えば、その過程そのものが、この章で取り上げてきた福祉政策の見直しであり、それは福祉政策の後退を意味するものであった。この過程は極めてゆっくりとした歩調で進んでおり、いまだ完結してはいない。しかし、新たな公共政策を実施するためにはそれに適合した器を用意しなくてはならない。そのひとつが一九九二年に成立した小作・地主法であったが、その社会的な効果を見極めるために、政府は五年間の移行期間を設けて慎重に処理した。それについで現在予定されているのは、新労働法の制定である。これが大きな波風を立てずに成立することになれば、一九五二年以降政権の基盤の中心を担うと公式に掲げられてきた二つの社会勢力である農民と労働者の利害が、政権の利害関係の中で明確に地盤沈下することを意味している。その兆候は、すでに一九八〇年代末から実業家を中心とする経営者団体が政治的な利益集団として台頭してきたことから始まっていたが、その傾向は一九九〇年代半ば以降一層明らかになっている。

しかし、公共政策の転換の過程で貧富の格差の拡大が進んだ結果、貧困の問題が再び政治的に関心を強めているのが、今日の状況である。かつて一九九〇年代初頭から公共部門相として公共部門の改革と売却に辣腕を振るったアーテフ・ウベイドが、一九九九年一〇月に首相に就任してからは補助金の継続を不可欠とする発言を繰り返すなど、経済改革の招いた副産物である貧困問題に対する配慮を怠りない姿勢を示しているのは、示唆的である。したがって、ナーセル大統領の政治に示されたエジプト国民各層の利益を均衡させる政治的姿勢、あるいは社会的公正への配慮がエジプトの政治的指導者にとって依然として重要な政治的要因であり続けていることを見逃してはならない。

第四章　エジプト外交のディレンマ　―大国への依存と自立の模索―

１　はじめに

一九七〇年代以降今日に至るまでエジプトにとっては財政赤字や対外債務など深刻な経済問題をいかにして処理するかが、最大の政治的課題であった。その際、エジプトには、経済問題を解決するために必要な資源が乏しかったために、外部世界に支援を求めざるを得ない状況におかれてきた。すでに述べたように、今日のエジプトにとっては外国とくにアメリカによる援助は、経済のみならずエジプトの国家を支える大きな柱のひとつになっている。したがって、エジプト、あるいは少なくとも政府にとっては外交政策および国際関係は、国内における最大の政治課題であった経済改革の行方に大きな影響を及ぼしうる重要な領域であった。

エジプトはまた第三世界の多くの国々と同じように、対外関係が政治過程に密接に結びつきやすく、国内政治の動向は国際関係や外交政策の動向と切り離して考えることができない。そうした傾向は、地政学的にエジプトがアラブ中東地域の中核的な国であることから、一層増幅されてきたと言えよう。とくに、八〇年代以降、中東地域では政治的に流動化した状況あるいは分裂的な状況が出現した結果、外部の大国や諸勢力による介入や浸透が強められたために、国際関係と内政との連関が、一層強まったのである。

このような事情から、エジプトにおいては外交政策は、その国際関係および内政をみる上でも重要な位置を占めている。本章では、外交政策の国内的な基盤、政策決定過程、および主要な国々との対外関係について整理することを主眼とし、エジプトの外交政策の全体像とその抱える諸問題を明らかにすることで、基礎的な考察を加えてみたい。

2　外交政策の国内的な基盤

①地政学的要因

地政学的要因とは、かつてアハラーム新聞の編集主幹でありナーセル大統領の外交政策に主たる助言者として強い影響力をもったハサネイン・ヘイカルが外交政策を規定する恒常的な要因として指摘した「地理と歴史」がほぼそれに相当する（Mohamed Hassanein Heikal, 1978）。このうちで地理に関しては、ふたつの事実が核心をなしている。まず第一に、エジプトがナイル川に全面的に依存してきたことであり、第二に、エジプトがアジアとアフリカの接点に位置することである。このふたつの要素は、エジプトの外交政策の方向を決定するうえでそれぞれ格別重要な意味をもってきた。第一に、ナイル川の水が脅威にさらされないようにその安全を確保することを政府が最初に考慮すべき事柄としたことである。それは具体的には敵対的な勢力がナイル川の上流を支配したり、エジプトへの川の流れを妨げたりしないようにすることであった。したがって、ナイル川の安全の確保についての関心は、エジプトの南に隣接する国々や地域への関心につながっていた。第二に、エジプトはふたつの大陸の十字路に位置したために、古来しばしば戦争により征服され、近隣の大国の犠牲になったが、その際とくに東側国境から侵略されることが多かった。したがって、エジプトの東方に存在するシリア地方（東アラブあるいはレバント地方）を自国の安全保障の最前線とみなす為政者もあらわれた。このように、エジプトの安全保障、そしてそれを確保する手段としての外交政策のあり方をめぐって、歴史的にふたつの指向性が存在してきた。すなわち、ひとつは、南を重視して、ナイル川流域地方に対する外交政策を優先するものであり、もうひとつは、東を重視して、アラブ世界における外交政策を最も優先させるものであった。二〇世紀、より正確には国際連盟に加入した一九三七年以後のエジプト外交を振返って見るとき、こうしたふたつの対外政策上の指向性のうち、東方アラブ世界での積極的な外交政策により高い優先順位が与えられてきたということができる。

つぎに、歴史に関しては、エジプト人がもっている歴史意識の両義的な性格に注目する必要があろう。エジプト人は一方で、高度に発達した最古の文明のひとつをもっていること、さらに、最古の国家をも形成してきたことを誇りにするが、同時に、絶えず大国の「犠牲になってきたこと」への意識を強くもっている。エジプト人がエジプト人の同胞によって再び統治されたのは一九五二年以後のことだとしばしば強調されてきた。エジプトの近代において西洋をエジプトにとっての「モデル」であると同時に「脅威」であるとみなすアンビバレントな意識が形成された背景には、恐らくこうした歴史の読み方が存在したことと無関係ではない。さらに、より最近では、七〇年代以降のアメリカへの急速な接近と依存の増大が、エジプト国内で知識人を中心にして、強大な大国についての、また伝統や文化が侵害されることについての恐怖や懸念を高めた背景にも、そのような歴史の読み方がかかわっていたのであろう。

以上のような地政学的要因と歴史意識にみられる特質は、エジプトの対外政策を規定する最も基本的な要素を構成したということができる。

②人口と社会構造

人口も外交政策を規定あるいは拘束する国内的要素のうちで基本的なものであると考えられるが、エジプトの場合には、人口とその他の物質的な資源との間に構造的とも言いうる著しい不均衡が存在することが最大の特徴である。すなわち、人口規模の大きさに比べて、物的資源がきわめて乏しいことである。

エジプトは人的資源に恵まれている。それは、言語と宗教において同質性の高い人口をもち、その規模が大きいからである。一九九八年にはエジプトの人口は六二六八万人（うち国外に一九八万人）を数える。その内実も早くに近代化に着手した経験をもつことから、アラブ世界では中間層の厚さという点で突出している。このような大きな人口規模は、国力、そして外交政策にとって資産となりうるものであるが、それには同時に負債となりうるもうひとつの側面が存在する。そして今日問題となるのはそうした負の側面である。それは急激な人口増加が生み出す深刻な諸問題である。

すでに第一章で述べたように、それは第一に雇用の確保であり、第二に人口の増加にともなって主食とする小麦をはじめとする消費の増加とそれがもたらす食糧輸入の増大という問題であった。かつて地中海の指導的な穀倉であったエジプトは、七〇年代になると急速に外部に食糧を依存するようになった。八〇年代半ばには世界で最も大規模な食糧輸入国のひとつとなり、またアメリカの農産物の最大の輸出市場のひとつとなった。こうした外部世界への食糧依存度の増大は、統治エリートの間に食糧安全保障への強い関心をひきおこすことにもなった。

③経済状況

一九七〇年代以降エジプトの外交政策上の諸目的を決定するにあたり、一層重要性を増したものは、経済的な要因であった。すなわち、国内経済の苦境とそこから脱却するための解決策として試みられた諸外国や国際金融機関からの援助への依存という、相互に関連するふたつの要素の存在が、エジプトの外交政策の形成や実施にあたり、少なからぬ影響を及ぼしたのであった。より正確には、外部世界への依存を深めるほど、エジプトは外部からの圧力に一層脆弱さを増すこととなったのである。

古来エジプトはナイル川の水に依存する農業が経済生活の中心をなしてきた。一八八二年にイギリスによって軍事占領されて以来、その植民地支配の下で綿花の供給地となり、経済はモノカルチャー的様相を濃くした。ナーセルらの軍事クーデタによって成立した革命政権は、このような植民地支配の遺産を払拭し、強固な経済基盤を築き上げるべく、農業の近代化や工業化のためのさまざまな試みを行った。しかしながら、国内において利用しうる資源は、ごく限られていたために、今日に至るまでエジプト経済は主に外生的な収入源に依存せざるをえない状況が続いてきた。周知のように、それらは、スエズ運河通航料、観光、海外送金、石油、および援助である。したがって、そうした経済の体質が続く限りは、エジプトが外部世界、つまり国際環境に大きく依存せざるをえないことを意味した。それはまた、外交政策や国際関係への配慮がエジプトにとって高い優先度を与えられることを意味したのである。

ところで、一九七三年の十月戦争において政治的な勝利をおさめたエジプトであったが、その後のエジプトは経済的にみると一層脆弱性を増した。その最も重要な側面は、七〇年代以降エジプトは自国が統御したり、影響力を行使することさえできない国際経済に深く依存することになったことである。外部世界への経済的な依存を示す具体的な事例の第一は、すでに指摘したように、食糧依存度の増大であった。八〇年代には依存度は急速に増加し、輸入全体の三分の一以上となり、小麦や小麦粉の輸入のみで毎年およそ二〇億ドルもの額が費やされるようになった。その結果、政府は輸入される食糧やその他の基礎的な物資への多額の補助金を毎年支出せざるをえなくなった。一九七四年から八二年までの時期に支出された補助金は経常政府支出の二七%をうわまわり、国内総生産（GDP）の九%に相当するものであった。それは八〇年代半ばにはさらに拡大した。こうした補助金の存在によって確実に財政の悪化がもたらされ、開発のための投資に充当する資金と能力を制約するものとなった。

第二の事例は、以上の問題と密接に関わるが、対外債務の劇的な増大である。対外債務は、一九七三年の三〇億ドルから、七九年には一六〇億ドル、一九八二―八三年（会計年度）には二〇〇億ドルへと増え続けた。そして八〇年代半ばの時点で、ソ連・東欧に対する債務を除いて、すでにその額は約四〇〇億ドルに達していた。問題は、エジプトの債務のほとんどが公的なもの（政府）からであることであった。そのためにエジプトは国際的に財政的に弱い立場に立たされることになった。外国からの援助や資金をもとにして開発を追求しようとして外部世界に一層依存するようになったエジプトは、国際的な圧力にそれだけ弱くならざるをえなくなった。インフィターハ政策の在り方をめぐって統治エリートの間に考え方の違いが存在したこともあって、国際的な影響力は無視できないものとなり、アメリカ、世銀、ＩＭＦ、アラブ産油国などがエジプトの経済政策に少なからぬ影響を及ぼすようになったのである。

④軍事的能力

エジプトは、一九七三年の十月戦争後にソ連との関係を悪化させたために、戦争で損害を受けた戦闘機や兵器の補給を十分に行うことができず、軍事的能力を低下させることになった。その状態はイスラエルとの平和条約の締結の時期まで続いた。同条約締結後には、平和の配当金としてアメリカおよび西欧諸国からの兵器によって軍事力の強化が図られた。しかし、平和条約によってイスラエルという敵国の存在が公式には消滅したために、兵器と兵員をむしろ削減すべき状況が、一時的にではあれ、生じていた。軍部にとっては、そしてまた軍部を主たる支持基盤とするサダート、およびその後のムバーラク政権にとっては、平和時における軍の新たな役割をもとめねばならなかった。その課題の解決は、革命政権の下でイスラエルと対決してきた軍部にとっては容易なものではなかったが、一九八〇年代にはイラン・イラク戦争を初めとする地域的な紛争と不安定化が出現する中で、兵器の生産量を増大させ、輸出志向の兵器産業を創出しようとする試みが見られるようになった。一九八一年には四〇〇〇万ドル相当の兵器を生産したが、八〇年代半ばには年間一―二億ドルもの兵器を売却したと推測された（Ayubi, 1987, p.23）。湾岸アラブ諸国やアフリカ地域が有望な潜在的な市場と見なされた。またエジプトは、イラン・イラク戦争の際に、イラクに対して武器や弾薬などの支援を行った。八〇年代以降は対米関係がエジプト外交の中心となり、その枠組みを支えたのが両国間の緊密な軍事的関係であったから、軍部は最大の受益者となった。軍はアメリカから巨額に上る軍事援助を贈与ベースで与えられるようになり、その額はアメリカからの援助全体の半分を上回るものであった。このように軍事生産能力の強化、大規模な援助、および後に述べる軍の非軍事的部門における経済活動の進出と拡大という現象をあわせて考えれば、八〇年代以降軍は政治的な役割を高めてきたと見なすことができる。したがって、軍部が対外政策上行使しうる影響力も高められたのであった。

一方、軍を取り巻く環境の変化とその中での新たな役割の模索という状況の中で、軍に対する新たな二つの潜在的な制約要因が現れていることにも注意を払う必要があろう。そのひとつは、八〇年代において顕著に見受けられた現象であったが、政治的な民主化の動きやその要求が高まる中で、国民の一部が、民主化の流れに挑戦する勢力として軍部をとらえはじめたことであった。もうひとつは、軍部もまたイスラーム化の波にさらされ始めたことであった。宗教的過激派に属するとされる将校や兵士が逮捕されたとする記事をエジプト発行の新聞でみることができるので、軍もエジプト社会から孤立した集団でないことがわかる。

⑤政治構造

外交政策にとって一九七〇年代以降政治的に重要な変化として注目されるのは、まず第一に、統治エリートの文民化傾向の拡大であり、つぎに、限定的な政治的多元化傾向の進展であった。

第一の点に関しては、すでに一九六七年の六月戦争での敗北によって軍部批判の高まりが見られたことを背景にして、ナーセル大統領は、それまで著しく大きな政治的影響力を行使してきた軍部の力を弱めることに成功した。その結果、政治的、外交的な二重権力、あるいは二元的な権力構造が消滅することとなり、この事態が外交政策に及ぼした変化は、極めて重要なものであった。七〇年代になると、閣僚ポストに占める軍部出身者の割合が低下する傾向が定着するとともに、軍部は大統領に政治的忠誠を誓う専門家集団としての色彩を強め、政治的介入もまた格段に少なくなった。しかしながら、注目されるのは、八〇年代になると軍部はイスラエルとの平和共存時代という新たな状況の中で、新しい役割を担い始めたことであった。まず、それは軍部が経済や社会など非軍事的な領域においても役割を拡大させたことであった。八〇年代にはインフィターハ政策の実施の下で軍部は非軍事的な物資の生産を増大させた。また軍部は農業や土地開墾事業にも参入を図ったほか、道路建設や電話線敷設などインフラ開発にもかかわることになった。その過程で軍部は外資や民間部門との結び付きを深めるようになった。第二の変化は、平和の配当としてエジプトに与えられたアメリカによる大規模な援助の最大の受益者が、軍部であったことである。両国間の政治的、軍事的関係は緊密化したが、とくに八〇年代半ば以降、エジプトに対するアメリカによるすべての安全保障援助は、イスラエルと同様な贈与の形をとって実施されるようになった。そこにはエジプトの政治的安定に対するアメリカ側の重大な関心と、さらにその安定性を支える組織としての軍部の重要性が示されている（R. Springborg, 1989）。

つぎに、限定的な政治的多元化傾向は、上からの国民動員方式の再編から始められた。すなわち、単一の国民動員組織であったアラブ社会主義連合は、七〇年代後半には複数の政党へと再編されて、限定的ではあれ政治的な多元化（民主化）が進展した。

この政治的多元化傾向は、少なくとも次の三つの点で外交政策と密接に関わるものであった。第一に、サダート大統領が導入した民主化措置は、アメリカと接近し、アメリカおよび西側世界の世論に対してエジプトの民主的な姿を印象づけたいという外交政策上の考慮によって動機づけられた部分が強かったことである。第二に、複数政党制は実際には支配政党とその他の弱小政党からなるものであり、国内政治的には圧倒的に強大な与党によって野党は排除されていたが、しかし外交政策の観点から見ると、野党の存在は外交政策を展開するうえで、それなりの利用価値を生み出す資源、つまり政府にとってエジプト外交の幅をひろげる手段としての利用価値をもつものであった。それは、たとえば、イスラームの主張を強く掲げる野党である社会主義労働党のイブラヒーム・シュクリー党首らによるアラブ諸国への訪問を通じて、外交政策のオプションの拡大を図ろうとする政府の試みの中に見ることができる。第三に、政治的な多元化傾向の中で強まった社会のムードとしてのイスラーム化現象が外交政策に及ぼすものである。国民のムードあるいは一般に世論と呼ばれるものが外交政策にさまざまな影響を及ぼしうることは、いくつかの事例研究によってすでに知られているが、それは、これまでの事例研究の主たる対象であった先進民主主義諸国においてのみ該当するわけではない。第三世界の国々の場合、確かに世論は形成しがたいか、存在する余地が少ない場合が多く、その点で先進諸国とは大いに異なっているのは確かである。しかし、国民のムードあるいは感情が外交政策のあり方に大きな影響を及ぼすという点では、しばしば先進民主主義諸国以上のものがある。外交政策の決定権限が大統領に集中するエジプトのような国々の場合には、外交はしばしば国内政治における政権の正統性を補強するためにも利用されるが、その度合、あるいは必要性に応じて、大統領は国民の支配的なムードに敏感になる。大統領は単独で外交政策上の決定を行うことができるが、その際に、国民のムードを誘導することはできるが、それを無視することは容易ではない。その意味で、国民のムードあるいは広義での価値観が外交政策に影響を及ぼす。そうした例を見いだすことは容易である。その一例として、一九七七年一月カイロで食糧暴動が勃発し、それは全国の主要都市に拡大したが、この事件がサダート大統領にイスラエルとの早急な和平が必要だと決断させる上で大きな影響を与えたことである。第二の例として、一九七九年のイスラエルとの平和条約締結後今日に至るまでムバーラク大統領はイスラエル（エルサレム）訪問を拒否し続けているが、それはいくつかの政治的・外交的な意味をもっているが、ひとつには国民の間に根強い反イスラエル感情を考慮してのことである。対イスラエル関係は、八〇年代以降「冷たい平和」の状態が続いているが、それは他のアラブ諸国に対するイスラエルの一連の行為への抗議として生まれたものであったが、長年敵国としてイスラエルに対して抱かれて来た国民の間の反イスラエル感情を土台にしていた。イスラエルとの外交関係は、そのような国民の感情を抜きにしては進展しないのであり、その点で対イスラエル政策を制約している。最後に、より一般的な問題としては、一九七九年のイラン革命をはじめとして、ソ連のアフガニスタン侵攻、イラン・イラク戦争、パレスチナにおけるインティファーダ（民衆蜂起）などエジプトを取り巻く中東の地域的な不安定化を背景にして、国内のイスラーム運動勢力が国際問題に関心と活動を拡大させる傾向が生まれた結果、政府は、国内のイスラーム運動と国際関係とのつながりに一層配慮して外交を展開する必要に迫られたことである。

3　政策目標と方向性

方向性とは、外交政策の全般的な目標を意味するものである。個々の政策を束ねる外交の基本的な路線である。政策の方向性の在り方は、政治指導者が国際関係をどのように見ているかによって規定されている。つまり、政治指導者の抱くイメージが政策の方向性を規定している。

ナーセル時代における対外政策の中心的な考え方は、アラブ・ナショナリズムであり、それに対してサダート政権下ではエジプト第一主義という考え方が強くなった。こうした考え方の背後にはどのような国際認識が存在したのであろうか。

ナーセル政権は、経済と国内問題とを重視し、対外的な報酬を最大限に獲得することによってそれを支えようとしたのであり、基本的には内向きの指向性をもっていた。『革命の哲学』の中でナーセルは、エジプトが利害を共にする重要な地域として、アラブ、アフリカ、およびイスラームの三つの世界をあげている。

これに対して、サダートにおいてはその逆の捉え方がされた。エジプトの発展は、外国資本と技術とによって刺激を受けるものであり、エジプトとイスラエル間の問題の解決においてアメリカが完全なパートナーとなるべきものとされたのである。

ナーセルにとっては、アラブ世界はエジプトが指導力を発揮すべき当然の勢力圏であり、積極的な対外政策を展開するための主要な場であった。これに対して、サダートにとってアラブ世界におけるエジプトの指導的立場は、最大のアラブの国であり、かつ歴史上最古の国家でもあるという事実から生じるものであり、他の国々によって挑戦を受けたり、あるいは取って代えられると言った性格のものではなかった。その結果、サダートはエジプトの指導性を維持するために積極的なアラブ政策を展開する必要性を見いださなかったのである。

ナーセルとサダートの対外認識の違いを生み出した要因は、両者がおかれた地域的および国際的な環境（の認識）の違いでもあった。サダートにとっては、十月戦争後の石油ブームおよび冷戦の変化とが、エジプトの対外政策を変化させる大きな刺激材となった。さらに、サダートには、ソ連に対する不信と政治的敵意があった。

ムバーラク大統領の描く国際イメージはどのようなものであろうか。

政権初期にムバーラクが追求した目標と方向性は、サダートが抱いたようなアメリカ中心の世界というイメージとは異なり、多極的な世界のイメージであり、その中でエジプトは全方位的な外交を追求することが必要であった。具体的には、アラブ世界との関係の回復であり、それによってアメリカやイスラエルからある程度距離をおく必要があった。また国際的な援助を獲得したり、巨額の対外債務問題を上手に処理するためにも、アラブおよび第三世界の指導者としての重要性を印象づける必要があった。そのためにも、第三世界で活発な外交を展開することが求められたのである。さらに、ムバーラクは巧みに対ソ関係を改善させ、一九八四年には関係を回復するに至った。

4　政策決定過程

①制度的側面

すでに述べたように、ナーセルからムバーラクに至る三人の指導者は、外交政策の方向性や目標という点では、それぞれ異なっているが、いずれも外交政策決定過程を自己に集中させ、さまざまな機構を限定的な役割にとどめたということでは同じであった。それは「指導者―部下集団」あるいは「大統領中心」タイプに最も近い過程である。その特徴は、ごく少数の部下の顧問を除いては、他のひとびとや機関とはほとんど、あるいはまったく協議することなく、ひとりで決定しうる政策決定者が存在することである。顧問らはその政策決定者によって指名されるのであり、自己の権力基盤をもってはいない。したがって、このようなタイプの政策決定過程では、指導者に注目しなければならない。

まず、制度面では外交政策は大統領のほとんど排他的な特権の領域である。大統領が抱える官僚機構である大統領府は、重要な調査・情報収集機能を備えた大組織であり、独自の軍事力をもっている。大統領は、通常何人かの補佐官や顧問を有するが、ムバーラク大統領の下ではそれらの人々はごく少数にとどまっている。

外交政策に関して大統領に助言を与える人々や機関としては、大統領補佐官の他に、国防会議（以前の国家安全保障会議）、国家情報機関、および外務省、経済関係諸省、教育・文化省、計画省、移民・海外エジプト人問題国務大臣などが存在する。この他、大統領によって異なるが、サダートの下では首相も外務大臣以上に外交政策に関与した（Boutros Boutros-Ghali, 1997）。

大統領補佐官に関しては、ナーセルやサダートの両大統領が多くの補佐官を擁していたのに対して、ムバーラク現大統領はごく少数の補佐官を用いる。またサダートに比べると外務省をはるかによく利用しているとされる。同大統領は長い間ウサーマ・バーズとムスタファ・ファッキーを補佐官としてきた。前者はカイロ大学法学部を卒業後ハーバード大学に学んだキャリア（職業）外交官であり、外務第一次官であるとともに大統領府政治局政治顧問の肩書を有する。サダート大統領の下で若手外交官としてキャンプ・デービッド交渉に事実上エジプトの中心的な役割を果たして以来、現在に至るまでエジプト外交で重要な役割を果たし続けている。後者は、ロンドン大学アジア・アフリカ学院（ＳＯＡＳ）で博士号を取得した政治学者であり、広報担当の補佐官をつとめ、現在は駐オーストリア大使の地位にある。この他、大統領の私的な顧問とも呼びうる人々が存在するが、かれらはいわば陰の存在であることが多く、その存在を識別するのが難しく、したがって、その影響力や役割は外部のものにとっては、さらに大統領の側近でさえ不明な部分が多い。そうした人々のうちで有名なのが、ナーセル政権下のハサネイン・ヘイカルや、サダート政権下のハサン・トゥハーミーである。

外務省は地域および機能にもとづいて組織されている。外務研修所をもち、海外に駐在させる若手外交官を一年ないしは二年間にわたり研修を行う。外務大臣は、必ずしも対外関係のすべての事柄に関与するわけではない。それは時の大統領によって、また大統領と外務大臣との関係によって変化する。とくに、大統領がみずから処理しようとする重要な外交案件については、大統領の顧問のひとりという立場に等しくなるとみるのが妥当である。サダートのもとで外務担当国務大臣をつとめたブトゥルス・ガーリー（前国連事務総長）の回想録は、そうした事情を読者によく教えている。ナーセル大統領以降今日に至るまで外務大臣には外交官出身者が圧倒的に多数を占めてきた。サダート大統領の下ではほぼ一〇年間に七人の外務大臣が任命されたのに対して、ムバーラク現大統領の下では現在までの二〇年間にわずか三人が外相をつとめる。すなわち、カマール・ハサン・アリ（軍人）、イスマト・アブデル・メギード（外交官）、およびアムル・ムーサー（外交官）である。外相就任期間のこのような違いは、大統領と外務省の関係の変化を示唆するものであり、ムバーラクの下では外務省の役割は著しく増大したと言われる。

最後に、議会や与党が外交政策の領域でどのような影響力や役割を果たしているかについてふれる必要があろう。議会も与党も政策決定という点では、すでに述べた副次的な機関や人々に比べると、一層周辺的な役割をもつに過ぎない。外交政策における議会の役割は、外相や外務担当国務相に対して外交案件の説明を求め、それを討議し、採決することである。それは主として外交問題委員会、アラブ問題委員会、そして国家安全保障委員会において行われる。野党議員による反対意見が展開されるにせよ、圧倒的多数をなす与党の賛成で終わる場合がほとんどである。他方、与党に関しては、総裁は大統領であり、党の下部機関に国際関係委員会が存在するが、ほとんど開店休業に等しく、外交政策の決定過程において与党はほとんど影響力を行使していないといってよい。

②大統領の政策決定のスタイル

政策決定過程が大統領個人に集中しているために、大統領の決定のスタイルが著しく重要になる。ナーセル大統領の外交政策上の決定は、上エジプト（南部）地方の文化を特徴づけるとされる尊厳と誇りとによって、しばしば左右されたといわれた。ナーセルはまた読書家であるとともに、人の意見によく耳を傾けたといわれたが、一度ある選択を決定すると、断固としてそれを実施するとされた。一方、サダートは抜け目がないが、のんびりした人物とみなされたが、それをデルタ地方の農民特有の性格と関係づける見方もあった。サダートは、ナーセルとは異なり、読書家でもよき聞き手でもなかった。自分自身は思索家であると考えていた。ナーセルの決定はその一貫性を強みとしたが、サダートの決定の強みは周囲がその決定を予測できないことにあった。その典型的な例は、一九七七年におけるエルサレム訪問の決定であり、サダート自身それをショック療法と呼んだのである。ムバーラクは、よく働く実務家的な人間であるとされてきた。かれは細部にまで十分な注意をはらう大統領であり、かれを大いに慎重に、かつ注意深くさせるような議論が説得力をもつといわれる。したがって、ムバーラク大統領の最もよく知られた決定が、たいていの場合、なんとか切り抜け続けることであり、優柔不断としばしば批判されている。

③大統領の政策決定に影響を与える諸要因

大統領が外交政策決定で中心的な役割をなすとはいえ、完全に自由に決定をなしうるわけではない。次のような要因が大統領の決定に影響を及ぼしうる。まず、第一に、既述した助言機関や人々が提示する専門的、組織的な知識である。第二に、国家の名誉に関わる問題については、野党を中心とする世論によって大統領はしばしば強い圧力をうける。その典型的な例として、一九八五年秋にイタリア客船アキレ・ラウロ号がパレスチナ人によって乗っ取られた事件の際、投降した犯人を乗せて輸送中のエジプト航空機がアメリカ軍によって強制的に着陸を命じられた事件がある。この時、エジプト国民の多くは、アキレ・ラウロ号事件でエジプトができるだけアメリカ人船客の安全を確保すべく事件の解決を図ろうと努力したにもかかわらず、アメリカが行ったそのような仕打ちに強い苛立ちを感じ、野党をはじめ多くの国民が反米感情をあからさまにした。こうした事態に直面してムバーラク大統領は、国民の反米ムードの高まりを無視することはできず、アメリカ政府に対して強く抗議するとともに、エジプト国民に謝罪するよう求めたのであった。

第三に、外国在住のエジプト人による圧力活動が存在する。そのひとつとしては、アメリカに移住したコプト教徒によるエジプト国内における宗教差別を告発する活動が、アメリカの経済的、軍事的援助に大きく依存しているエジプト政府にとっては、ときに頭痛の種になりうる。イスラエルに次ぐ世界で第二の多額の援助をアメリカから受けているために、人権と民主主義に関わるそのような批判活動は、アメリカ議会の関心を招き、援助の削減をもたらしかねないからである。

そうでなくとも、議会ではエジプトへの援助削減の動きが表面化しているからである。他方で、ニューヨークの世界貿易センター・ビル爆破事件を通じて明らかにされたように、アメリカ在住のイスラーム活動家の動きも政府の神経をとがらせるものである。ヨーロッパ、中でもドイツやイギリスにはエジプト国内で活動できないイスラーム活動家が滞在しており、国内のイスラーム諸勢力とさまざまな形で関係を維持している。とくに、そうした国外のイスラーム活動家がエジプト国内のグループに活動資金面での大きな供給源になっていると一般には見なされている。そのために、八〇年代以降は、アメリカやヨーロッパにおけるイスラーム活動家の動向とそれへの対応が外交政策上重要性を増しているのは否めない。九〇年代のエジプトではテロ活動の対象が民間人のみならず外国人観光客にまで拡大する傾向が見え始めた結果、エジプト経済を支える柱のひとつであった観光収入を激減させ、観光部門に関わる多数の人々の生活のみならず国の経済全体に深刻な影響を及ぼすものとなっていたからであり、政府は観光地におけるイスラーム活動家の動きに神経をとがらせていたからであった。

最後に、しかしより重要な要因であるが、いかなる外交政策上の決定も、軍部の存在を考慮して行われなければならない。一九六七年の六月戦争以前には、軍部が外交政策の決定において著しく大きな影響を与えていた。同戦争での敗北後は、軍部は総じて政治に介入することは控えてきたと思われる。しかしながら、エジプトでは外交上のプロトコルで軍参謀長が閣僚の上位に位置するという規則が存在することが示唆するように、国内政治において軍部の地位は依然として高く、その意向を無視して重要な外交案件を決定することは事実上不可能であると言えよう。

5　外交政策行動　―国際環境の変化とエジプト外交―

国際社会におけるエジプトの対外関係で中心的な部分を構成するのは、対米関係とアラブ世界との関係である。前者は、軍事的、経済的な依存関係を特徴とするもので、緊密な対米関係を維持することがエジプトの外交政策にとって基本をなすものであった。一方、アラブ世界との関係は、国際政治上は小国ではあるが、中東地域では中核的な国としてのエジプトにとって外交的なリーダーシップを発揮しうるほとんど唯一の場として、つまり中東外交を通じて国際政治上のエジプトの存在をアピールしうる場として、重視された。エジプトはそれぞれとの関係においてしばしば緊張要因を抱えてきたと同時に、対米関係と対アラブ世界との関係をどのように調整するかということでも苦心してきた。以下では、最も重要なこれらふたつの関係を中心にその展開と特質とを概観してみよう。

①対米関係

エジプトは一九七三年の十月戦争以後、そしてとくにイスラエルとの平和条約の締結以後アメリカとの緊密な政治的、外交的関係を構築してきた。それは、ナーセル政権下において展開してきた対米関係を逆転させるものであった。エジプトは、イスラエルについで世界で第二のアメリカによる援助受容国の地位を享受するに至っている。両国の関係は、厳密な意味で同盟関係と呼べるものではない。しかし、軍事的、経済的な関係がきわめて緊密であり、両国関係は「特殊な関係」と形容されている。このような関係を築くに至る歴史的な経緯をごく簡単に述べればつぎのようである。

米ソ冷戦下でナーセルは自決権を重視して非同盟政策を外交政策の中心にすえたが、サダートが一九七〇年代はじめに政権を継承した時、国際関係は歴史的な変化を生じつつあるとエジプトの指導者の目には映っていた。サダートにとって、超大国は対決的な時代からデタントの時代へと移り、米ソとも現状をあまり変更することに利益を見いださない時代に入りつつあった。そのような状況においては、ナーセルが行ったようにエジプトのような小国が超大国同士を競わせることはもはや不可能となり、今やどちらか一方を保護国として選ばねばならなかった。こうした考えをさらに強めたのは、一九七七年一月の食糧暴動がもたらした衝撃であった。サダートは、この事件の背後にソ連が存在することを感じとり、さらに深刻な経済問題はイスラエルとの平和と西側諸国との良好な経済関係がなければ解決できないと考えたからであった。その結果、サダートはアメリカへの接近を一層早めたのである。

一九七九年の平和条約締結以降、エジプトはアメリカから巨額に上る軍事的・経済的援助を受けてきた。軍事面では一九七五年以後アメリカはエジプトにとって最大の武器供与国となったし、両国は一九八〇年以降二年毎に合同軍事訓練と演習を実施することになった。八〇年代初期以降は経済および軍事援助額は年間約二三億ドルに達するまでになり、九〇年代末までに五〇〇億ドル以上の援助を議会が承認したのであった。このようにイスラエルとの平和条約後、エジプトはアメリカにおいて「戦略的な資産」という認識をかちうることにかなりの程度成功したということができる。

そこでエジプトの対米関係を支える援助関係の実態についてもう少し詳しくみてみよう。援助の規模についてはすでに若干言及したが、その大きさをより正確に理解するために、まずアメリカの援助の枠組みの中での対エジプト援助、とくに安全保障支援事業についてみておく必要があろう（Duncan L. Clarke, 1997）。

九〇年代半ば時点で、安全保障支援事業はアメリカの外国援助予算全体の約四五％をなす大規模なものであるが、その年間支出のほとんど（約九二％）が、イスラエルとエジプトの二ヶ国に使われている。つまり、両国でアメリカの援助予算全体の四〇％以上を受領している計算になる。これまでイスラエルへの援助は事実上すべてが、そしてエジプトについては七五％がこの事業によるものであった。同事業予算のほとんど（九五％）は、対外軍事財政支援事業（ＦＭＦ）の下での軍事援助と、経済支援援助（ＥＳＦ）の下での経済援助とにあてられてきた。八〇年代半ば以降はイスラエルとエジプトに対するすべてのＦＭＦとＥＳＦは、贈与の形をとってきた。九五年以降、エジプトは年間約二一億ドルの安全保障支援事業を受領してきたが、その内訳は一三億ドルがＦＭＦであり、八億一五〇〇万ドルがＥＳＦであった。一三億ドルにも達するアメリカによる軍事援助の規模は莫大なものであるが、同時にそれがエジプトの国防予算の実に五〇％以上を支えていることにも注目する必要がある。また軍事援助の一部として軍事訓練があり、毎年二〇〇人以上の軍人がアメリカで訓練を受けているほか、はるかに多くの軍人が新しい兵器システムを習得するために短期間の訓練を受けている。一方で、軍事援助を通じてのアメリカからの兵器の調達は、さらにはエジプトの軍人や軍部とアメリカの軍需産業との関係を強化することにもつながっている。

経済援助についてみても、アメリカが最大の援助国であった。USAIDが贈与ベースの経済支援援助の実施機関であった。とくに、USAIDは、一九八五年以降経済援助の実施を経済改革と結びつける方向へと方針を転換し、エジプト政府に対して経済改革への圧力を強めた。同時に援助プロジェクトを通じてUSAIDはユースフ・ワーリー（現副首相兼農相）やアーテフ・ウベイド（首相）らエジプト政府内部に自己の支持者を拡大しようと試みた。経済援助においてエジプトはアメリカ農産物の魅力的な売却先となった。また援助の増加に並行して、両国間の貿易も全体として拡大する傾向をみせた。八〇年代半ばにはアメリカからエジプトへの輸出額約二三億ドルのうち約一五億ドルが援助によってなされたものであった。アメリカはエジプトの最大の貿易相手国となり、エジプトの全輸入の二三%を占めたのである。またアメリカからの投資もまた、海外の投資家の中で第一位を占めた（Springborg, 1989, chap.7）。

しかしながら、両国関係には緊張を生み出す要素がはじめから付きまとっていた。そのひとつは、アメリカと第三世界のすべての国々との関係においてしばしば存在するものであった。国力の全く異なる両国の間で対等の関係を樹立することは事実上不可能であり、両国関係は実際にはアメリカへのエジプトの全面的な依存という色彩を強く帯びるものであった。だが、伝統的に地域的な野心をもつエジプトは、そうした大国への依存によって外交上の幅が狭められることへの苛立ち、あるいはディレンマに当面せざるをえなくなった。第二の要素は、両国関係に特異とも言えるものであった。すなわち、両国関係にはイスラエルが不可欠な部分として介在したことである（William B. Quandt, 1990, chap.1）。アメリカとエジプトの二国間関係は、実際には三国関係のひとつの側面として、あるいは三角形の一辺として当初から位置づけられていた。したがって、和平プロセスが前進していたときには両国関係にとってイスラエルの問題はそれほど大きな問題にはならなかった。しかし、エジプトとイスラエルの関係が、ぎくしゃくすると、障害が出始めた。たとえば、イスラエルが一九八二年九月にレバノンを侵略し、それがパレスチナ人難民の大量殺戮という悲劇（シャブラ・シャティーラ事件）をもたらすや、ムバーラク大統領はイスラエルから大使を召還させ、その後長い間にわたり新大使を任命するのを拒んだ。この事態は、アメリカ議会において議員の一部に重要な関心を呼び、両国関係に緊張を生み出した。一方で、エジプト国内においては、アメリカがイスラエルのかたくなな態度を変えることができないことへの不満や失望感が生み出された。アメリカの政策はイスラエルの利害によって専ら決められており、エジプトにはほとんど関心がないとする考えが両国関係に否定的な影響を及ぼすことになった。一九〇年代の例としては、九四年一二月における両国関係の緊張を指摘することができる。その時、アメリカでは新聞やテレビにおいて核不拡散条約、イスラエル、およびリビアの問題をめぐるエジプトの態度を不満として非難や批判が表面化した。これに対して、エジプトでは政府の一部やマスコミ、そして人民議会の議論の中でも強い反発が生まれるに及んだ。「エジプトはアメリカの衛星国ではない」との題目を掲げたウサーマ・ガザーリー・ハルブ（アハラーム政治・戦略研究センター副所長）のアハラーム紙およびアハラーム・ウィークリー誌での論説記事は、その一例であった。

アハラーム・ウィークリー誌（*Al-Ahram Weekly*, 1-7 December 1994）の記事は、アメリカのメディアにおけるエジプト批判論調が敵意を示す度合いに達しているとして反論を加えたものであった。その中でハルブは、アメリカの論調の特徴が、第一に傲慢さ、第二にアメリカの国益とその友好国の国益とを区別しえないこと、第三にエジプトの国内事情を過度に単純化していると批判した。アメリカは、エジプトの国益にとってもっているリビアの位置づけを理解していないし、また核不拡散問題に対するエジプトの立場はエジプトの高度の戦略的利害から要請されるものであった。アメリカは莫大な経済援助を与えてくれたが、エジプトはただ感謝の意を表明してきたわけではない。ドルでは計算できないものをアメリカに与えてきた。確かにアメリカとの友好関係は重要ではあるが、エジプトにとって独立と非同盟という外交の重要な目的が存在しているのだ、と反論した。ハルブの記事は、比較的冷静な議論を展開しているものの、ジャーナリストや知識人の間におけるアメリカに対する強いいらだちを示すものであった。両国のメディアの間におけるこうした論争と緊張はその後もしばしば生じたが、最も新しい事例は、パレスチナとイスラエルとの最終局面にあたる和平交渉が二〇〇〇年の夏に失敗した際にも、エジプトの役割に対するアメリカのメディアによる批判をきっかけとして、両国間で激しい論争が繰り広げられたものである。

もうひとつの例は、一九九七年六月にエジプトのスカッドＣミサイル導入をめぐる問題であった。この事件は、エジプトが北朝鮮からスカッドＣミサイルの部品を輸入したとするＣＩＡによるワシントン・タイムズへのリークがイスラエル政府の反発を招いてエジプト・イスラエル間の政治的な緊張を生み出すとともに、エジプト・アメリカ関係にもギクシャクした関係をもちこんだ。外交筋では、アメリカはすでに以前からこの情報を入手していたとされることから、アメリカがイスラエルのナタニエフ新政権を外交的に支援する意図でこの時期にリークしたのではないかという憶測が現実味を帯びていた。エジプト側ではミサイルや近代的な兵器を所有するのはエジプトにとって正当な権利であり、イスラエルが現に破壊兵器を所有し、核不拡散条約への調印を拒否し続けているのに、なぜエジプトだけが非難されなければならないのか、という反発があった。たとえアメリカがミサイル技術管理レジームに基づいて反対したとしても、エジプトはその調印国ではなかったのである（*Middle East Times*, 30 June – 6 July 1996 および *Al-Ahram*, 26 June 1996）。

もうひとつ例をあげれば、ナタニエフ政権の成立後にエジプトのメディアの一部には、エジプトが和平プロセスの崩壊に責任をもち、したがってエジプトを除外すべきだとする論調がアメリカおよびイスラエル国内で影響力を持ちつつあると考えられたことであった。

その論調は、つまるところクリントン政権に対してエジプトの対外政策は極めて役に立たないものであるゆえに、中東和平交渉におけるその役割を再評価するように促すものであること、そしてそれが議会の有力議員の考えをもあらわすものではないのか、と警戒の念をもたれたのであった（*Al-Ahram Weekly*, 3 – 9 July 1997）。

第三の要素は、両国間の貿易の不均衡の問題である。両国間の貿易は、アメリカの対エジプト向けの輸出額に比べて、エジプトからの輸入が著しく少なく、アメリカ側に有利な形をとっているのが現状である。たとえば、九八年度では前者が三〇億ドルであるのに対して、後者は七億七五〇〇万ドルであった。イスラエルとの関係をめぐる両国間の政治的な緊張の中で、またアメリカで世界的な援助の見直し機運が生まれている中で、貿易不均衡の問題はしだいに重要性を増してきた。そのような中で、九八年五月には「貿易と投資の枠組みに関する協定」が両国間で調印された。同協定についてアメリカ側がどう位置づけているかは曖昧であるが、エジプト側ではこの協定を自由貿易地域形成の前段階とみなす傾向が見受けられる。また、エジプトの実業家の間には援助から貿易へと関心を移す必要性を強調する人々が現れはじめているのが新たな動きとして注目される（*Al-Ahram Weekly*, 18 – 2 February 1999）。

最後に、ふたつの点を追加する必要がある。第一は、両国間の軍事関係について、若干の注意を要するのは、一九八一年四月にラアス・バナース（Ras Banas）基地を米軍に利用可能にする米国の正式協定締結の提案を、サダート大統領が拒否したことである。サダートの立場は、アラブ連盟の加盟国による要請に応じて、エジプトはアメリカに軍事施設を利用させるというものであった。ムバーラク大統領もこの立場を継続している。第二に、一九九〇年代にはイスラーム運動や組織への政府の弾圧が、アメリカの人権団体や政府（国務省）の懸念するところとなっていることである。たとえば、アメリカ国務省は九三年に、エジプトでは警察や治安部隊が組織的に拷問を行っていることに言及したほか、九五年には同省はより明確に、エジプト国内では多くの人権侵害が繰り返されており、治安部隊がテロ集団の掃討作戦で人権侵害を行っていると言及した。国務省のこうした言明は、諸外国のマスコミによる人権侵害報道とともに、イスラーム反対派を強硬に排除しようとするエジプト政府にとっては、不快感を抱かざるをえないものとなっている。したがって、両国関係の緊張を増幅しかねないものである（Denis Sullivan and S. Abed–Kotob, 1999, p.127）。

②アラブ世界におけるエジプト外交

エジプトのアラブ政策は、エジプト・アメリカ関係と同様に微妙な要素を抱えている。それは、サダートの死後ムバーラク大統領が展開してきた政策、つまりイスラエルとの外交関係を前提としながら、アラブ世界との関係を回復するという政策が示している。エジプトにとっては、イスラエルとの外交関係の存在をアラブ外交を展開するうえで資産として利用しようと試みた。少なくとも八〇年代においては、エジプトはアラブ世界で唯一イスラエルと外交関係を保持する国であり、アラブ・イスラエル紛争の包括的な解決のためにアラブ世界の合意を作り出すための仲介者的な役割を果たしうると考えたのであった。そのような外交上の役割を通じて、アラブ諸国、とくに湾岸の産油国から大規模な経済的、財政的援助をひきだす必要があった。だが、ムバーラクは、他方で、イスラエルやアメリカに対して、キャンプ・デービッド合意やイスラエルとの平和条約をエジプトが順守することを確信させなければならなかった。ムバーラクはこのようにディレンマをはらむ政策をゆっくりとではあるが巧みにこなしてきた。とくに、周辺のアラブ諸国の反発を招くイスラエルの強硬姿勢があからさまになる中で、ムバーラクは、キャンプ・デービッド合意がアラブ諸国との関係においてエジプトの手をしばるものではないことをあらゆる機会を利用して示そうとした。このように、ムバーラク政権の下ではアラブ世界との関係の改善は、基軸とする対米関係を損なわない限りで、エジプト外交の幅を広げるうえで必要不可欠のものであった。とくに、ムバーラク大統領が湾岸産油諸国をしばしば訪問することにそれは現れている。

③対イスラエル関係

九〇年代におけるエジプト・イスラエル関係は、表面上は外交関係を維持しているものの、九五年以降、広範な諸問題をめぐって公然と衝突を続けてきた。ナタニエフ政権の登場以降は、それは一層激しさを増した。両国間には根深い不信と敵意とが現れ、両国関係は八〇年代を特徴づけた「冷たい平和」から「極寒の平和」へとさらに悪化した（Fawaz A. Gerges, 1995）。

九〇年代にイスラエルへの不信と警戒が最初に表面化したのは、九四年一〇月にモロッコのカサブランカで開催された中東・北アフリカ経済会議においてであった。そこに大型の代表団を送り込んだイスラエルが展開したキャンペーンは、イスラエルがエジプトの地域的な役割を無視して、中東地域の経済的な支配を企てているとの疑念を、エジプト側に引き起こした。それは、イスラエルと他のアラブ諸国との仲介役を任ずるエジプトの頭越しにイスラエルが経済外交を展開することへのエジプトの強い反発でもあった。

またムバーラクは、イスラエルに対してアラブが共同の政策を形成するためのイニシアチブをとることで、中東外交を活発化させようと試みた。その争点として、和平プロセスをめぐるイスラエルのかたくなな立場や核兵器施設の国際監視問題などを取り上げ、シリアやサウディアラビアとの共同歩調をとろうとした。

他方で、注目すべきことは、イスラエルとの平和条約締結から二〇年が経過してもなお国民の間には根強いイスラエル不信感が存在することであった。それを示す例は数多く存在するが、そのひとつは、一九九七年一月に中東の和平を促すための「コペンハーゲン宣言」が発せられた際に、エジプトの参加者が帰国後に浴びた一連の激しい非難と批判であった。またかれらは「カイロ平和協会」と呼ばれる組織を設立して、イスラエルとの関係改善を試み、その行動のひとつとして、一九九九年七月にカイロで国際平和会議を開催したが、このときにもイスラエルとの正常化に反対する抗議集会が、野党や新聞社の主催により連続して開かれた。付言すると、平和会議はムスタファ・ハリール元首相が主催したもののムバーラク大統領や外務省がまったく関与せずに行われ、少なくともエジプト政府側における関心の少なさを物語るものであった。二つ目の例は、一九九七年一二月にアズハル総長ムハンマド・サイイド・タンターウィ師がイスラエルの主席ラビのイスラエル・ラウと会談した際にも、野党の労働党を中心に新聞紙上で非難がなされた反面で、ワフド党はタンターウィ師を擁護する立場に立った。このようにイスラエルとの関係は政治的論争を生み出しやすいものであり、それゆえに政治的に利用されやすい問題であり続けている。国民の間のこうした不信感に加えて、政府のレベルでは、オスロ合意後の中東でイスラエルが他のアラブ諸国に直接接近することができるようになった結果、エジプトの仲介者的役割をもはや必要とはしなくなることへの懸念とも結び付いていた。したがって、エジプトは湾岸アラブ諸国に対してイスラエルとの関係確立を遅らせるように説得を試みる一方、マドリード合意での原則により一層固執することで外交上のイニシアチブを取り戻そうとした。

最後に、軍部の対イスラエル戦略について述べる必要があろう。平和条約後の軍部の新たな役割の模索についてすでに言及したが、軍部はイスラエルに対して「平和的な防衛的抑止」戦略という考え方にもとづいて対応しようとした。とくに、一九八二年のイスラエルによるレバノン侵略は、イスラエルに対する有効な戦略を構築する必要性を軍部に痛感させるものとなった。当時の国防相アブー・ガザーラによれば、イスラエルのレバノン侵攻はアラブの軍事的真空によって容易となったのであり、そこでイスラエルとの戦略的均衡を作り出すことは、イスラエル軍によることの地域での一方的な行為を二度と起こさせないであろうとされたのである。

九〇年代には両国の経済関係は、多くの分野で停滞した。具体的に見ても、エジプトの天然ガスや水の供給問題が棚上げの状態になったし、テル・アビブとカイロを結ぶイスラエルの民間バス路線も一九九六年一二月をもって運行を廃止するに至った。このバスは両国関係の和解の象徴であり、最初はシャバット（安息日）を除く毎日運行されていたが、乗客不足のために週一便に減り、そして廃止に追い込まれたのであった（*Middle East Times*, 5 – 11 January 1997）。

④イスラーム世界におけるエジプト外交

最後に、エジプト外交におけるイスラーム・ファクターについてみてみよう。ナーセル政権の下では、その初期および末期に外交政策においてイスラームへの関心が高まった。ことに、一九六七年の六月戦争で敗北してからは、それまでイエメンをめぐって対立してきたサウディアラビアと妥協するとともに、国内ではイスラーム宗教機構の役割をより重視する姿勢をとり始めたが、アラブ産油国からの財政的支援が軍事的再建にとって不可欠であると考えられたからであった。さらに一九六九年にはモロッコのラバトで開かれた第一回イスラーム首脳会議に参加した。それまでアラブ・ナショナリズムや非同盟政策を外交政策の柱としてきたナーセルの政策転換ともいえる変化は、かれの後継者サダートによってさらに促された。サダートは、一九七三年の十月戦争を戦う際に、「ラマダーン」や「バドルの戦い」などイスラームの象徴に訴えた。七四年に発表された十月白書においても「信仰」が重視されるなど、サダートはイスラームに頻繁に訴えた。

しかし、かれの外交政策においてはイスラームはそれほど中心的な位置を占めるものではなかった。むしろイスラーム世界がエジプトの外交上重要性を増すのは、七〇年代末以降であり、それは、キャンプ・デービッド合意の結果エジプトがアラブ世界で孤立するに及んでからであった。

イスラーム世界の重要性の高まりは、エジプトのアフリカ外交の活性化をもたらした。国内では水の消費量が飛躍的に増大するとともに、東部や中央アフリカでは干ばつや政治的な混乱が続いていたために、ナイル川上流地域に対する伝統的関心が強まった。その結果、ナイル川流域国家連合が作られたが、エジプトはその一員として積極的に関わった。また、エジプトは一九八四年三月にイスラーム諸国会議機構に復帰したが、その後ムバーラクは一九八七年にクウェイトで開かれたイスラーム諸国会議機構の首脳会議に出席することにより、他の湾岸諸国との関係改善の機会として利用することができた。

最後に、興味ある事例として、「ヨーロッパ・地中海フォーラム」などのヨーロッパ諸国との対話外交においてエジプトが強調するイスラーム・ファクターについて言及しよう。

八〇年代以降ヨーロッパ諸国は国内にムスリム人口を多数抱えることになり、それまで経験しなかった新たな問題に当面することになったが、エジプトは伝統的にイスラーム文明の中心をなしてきた国として、ヨーロッパがイスラーム問題に対処する際の知恵を、外交的な対話を通じて伝えることができるとするものである。この例は、イスラーム世界あるいは第三世界においてリーダーシップの行使を通してエジプトの存在をアピールし、それにより、第三世界の指導的な国家として世界、とくに大国に印象づけ、援助を獲得しようとする外交戦略に基づいている。

このように、九〇年代にはイスラーム運動がより一層国際化したために、エジプトの外交政策におけるイスラームの問題は、アラブ・イスラーム世界での問題にとどまらず、より広い国際的な外交の問題になりつつある。その意味においてイスラーム・ファクターは外交政策上の比重を一層高めてきたということができる。

終章　むすび　―ムバーラク政権下の政治とその課題―

本書では公共政策の転換期の国家と社会について経済改革、福祉政策、対外政策を中心にして考察してきた。最後に、全体の議論の主要な論点をまとめるとともに、ムバーラク政権下のエジプト政治の現状とその課題について若干の考察を加えることによって本書のむすびとしたい。

1　政治の社会的基盤

まず、政治の社会的基盤としていくつかの重要な視点を設定した。それは①人口の急激な増加とそこでの人口構造、②急速な都市化、および③貧困、すなわち所得分配、という視点であった。このうちで①と②に関わる人口と社会構造の問題についてみると、エジプト政治の社会的な基盤を語る際に最も基本的な要素は、人口およびその構造であるが、第二次世界大戦以後における人口の増加傾向は、エジプトの政治、とりわけ対外関係では資産としての性格をもってはいたものの、次第に負債という色彩を色濃くした。それは、人口増加の結果として、エジプトのもつ諸資源に大きな圧力が生み出されてきたからであった。そこで人口と政治あるいは社会との関係に存在する正と負の両面に注目すれば、まず正の側面は、中東世界でアラブ最大の人口をもつ大国として、エジプトは中東の国際関係で中心的な役割を担ってきたことであった。それは、エジプトの置かれた地政学的な位置と結びついたものではあるが、豊かな人的資源が農業を支え、さらに中間層の厚さがエジプトの国家機構を支え、また豊かな文化を支える基盤を提供したからであった。しかしながら、一九七〇年代以降はこうした人口の積極的な側面ではなく、むしろ社会や政治への過剰な負荷の側面が問題視されるようになった。人口問題は一〇年あるいはそれ以上のかなり長期的な時間のずれを伴って生ずるものであるが、比較的高い出生率とそれとほぼ同時にもたらされた保健・衛生・医療環境の改善によって、人口増加が着実に進展したことが、さまざまな社会的な影響を生み出した。そのひとつの問題は、人口構成における青少年人口の割合が大きいことであり、それは、教育および雇用の問題に密接にかかわるものであった。高等教育を受けた優れた人材を輩出しようとする政策は、その受け皿としての雇用機会をどのようにして創出するかという課題を突きつけた。一九七〇年代以降は、それまで高学歴青年層を吸収した公共部門や行政組織などでの雇用の機会が著しく乏しくなったからである。アラビア半島の産油国へと出稼ぎに赴いた人々もいたが、都市部で失業ないしは半失業の状態にとどまっていた青年が多かった。これに加えて、公共部門職員や公務員ではあっても、その低賃金に不満を抱く青年層も多く存在していた。

雇用の問題に深くかかわった問題が、住宅問題であった。人口増、とりわけ青少年人口の増大は、「食べること」（雇用と食糧）と「住むところ」（住宅）という社会のもっとも基本的な問題に影を投げかけるものであった。都市化の流れの中で都市人口が増加しており、都市での住宅事情といえば、庶民用の住宅が乏しく、家族構成員の数に比べてわずかな部屋数の住宅に同居する人々が多く、そんな中では、青年たちは結婚して住宅を借りたり、また高額な住宅を購入することは事実上不可能になった。住宅事情は、さらに結婚することすら断念させるものであった。過激なイスラーム組織の担い手としての青少年層の問題が指摘されてきたが、青少年層を動かしたものは信念や思想の問題であるかもしれないが、おそらくそれ以上に重要な問題は、食と住という人間の基本的な生活を満たす条件が、多数の人々、なかんずく青年層の間では欠如あるいは奪われていたという状況であろう。かなり世俗化されたエジプトの大都市であっても、男女の社会的な隔離を説くイスラームの倫理が依然として根強い社会では、結婚への展望を失いつつある青年層がおかれたこうした条件が、政治的、社会的な閉塞状況と容易に結びつくと考えるのには、それほどの想像力を必要としない。

以上は、第三世界の国々に共通する問題であろう。しかし他方で、人口増は、それのみでなく、先進諸国が抱える問題と共通する問題をもエジプトに生み出しつつある。それは、先進諸国ほどの高齢化現象とまではいえないが、医療条件の改善に伴って、出生率の増加とともに、平均余命が次第に長くなる傾向を示していることである。その結果、青少年人口の問題とともに、老人あるいは高齢者の存在も問題となり始めている。高齢者を取り巻く環境は、この二〇～三〇年間に著しく変化してきたが、とくに経済政策の転換によるしわ寄せをもっとも強く受けた人々のひとつが、彼らであった。しかし、社会経済的な観点からみれば、将来雇用をめぐる青年層と高齢者との利害対立が深刻化することが次第に注目されている。この利害対立は、現在の青年層が高齢化するに連れて、高齢人口が一層増加するために、重要性を増すことが予測されるからである。したがって、一九九〇年代半ばの人口統計では、人口増加率が若干低下する傾向を示しはしたものの、ここ当分の間は雇用創出の必要性を弱めることにはつながりそうもない。

③の貧困の問題は、エジプト経済の構造的な問題の中でとらえる必要がある。これまでエジプト経済を支えてきたのは、石油・天然ガス、スエズ運河通行料、海外労働送金、観光、および援助であったが、これらはすべてが外生的な性格をもつものであり、その結果、エジプトを国際環境からの圧力に対して弱い立場にさせてきた。したがって、エジプト経済は国際関係と密接に関わるものであり、かつその課題は、自立的な経済基盤をどのようにして築き上げるかであった。その際に基本的な条件が、国内に存在する豊富な人的資源をどのように有効に利用するかであり、同時に石油や天然ガスを除くと利用しうる天然資源が乏しいことであった。しかし、この課題に対しては、これまでのところ、必ずしも適切に、かつ十分に対応がなされてきたわけではなかった。それには、さまざまな理由が考えられる。そのひとつは、政治的な抵抗によって、経済の仕組みを修正することが容易ではなかったことであった。ナーセル政権の下で形成された指令経済は、もともとは自立的な経済の建設を目標に掲げて出発したものであったが、次第に行政的な統制と計画というメカニズム、つまり政策手段が自己目的化していた。しかし、その後指令経済か

らの転換を試みる過程においても、依然として行政的統制という指令経済の遺産を払拭することができなかったため、抜本的な改革にまでには至らなかった。また転換期において補助金が飛躍的に増加し、補助金網が拡大されたことで国民の間に受益者層が広範囲に拡大されたことで、政策転換を阻むようになったのである。しかし、補助金による受益者層の中で貧困層が占める比重が少なかったというのがこれまでなされてきた評価であった。

最後に、人口増加、都市化、そして貧困という三つの点に関わる問題として、エジプトの統治エリートの間に存在してきた「食糧安全保障」への執着について触れておかなければならない。恐らくその背景としては、一九世紀において豊かな穀倉地であったエジプトが、今世紀の後半、特に一九七〇年代以降になると、人口圧力の下で、主食の原料である小麦をはじめとして、大量の食糧を外国からの輸入に依存する事態が生まれたことであろう。その結果、食糧の自給率が極度に低下したことに統治者が懸念したと考えられる。相互依存が進行する現在の国際関係においては、食糧の自給という考えは、ほとんどの国ではもはや説得力をもち得ない時代である。エジプトのような途上国においてはなおさらのことであろう。にもかかわらず、九ヶ月でおよそ一〇〇万人もの割合で人口が増加する現実を前にして、いかにして食糧を自給するかという問題が、為政者をはじめとする統治エリートの頭から長い間離れないでいた。現在ムバーラク大統領は、南部のトシュカ地域で壮大な開発プロジェクトに着手しているが、その必要性として食糧増産と雇用の創出とが掲げられている。トシュカ計画は、ナーセルのアスワン・ハイダム建設に匹敵する政治的業績の実現を図ることによってムバーラク政権の最後を飾るモニュメントとして位置づけられ、またそれをもって二一世紀最初の大統領としてエジプトの歴史に名をとどめたいというねらいが込められているかに思われる。

2 国際関係

本書では転換期のエジプトの政治を国内的な背景を主として考察してきたが、先ほども言及したように、エジプトの経済が国際環境に左右されやすい体質を温存させてきた経緯からも、エジプトのおかれた国際関係について少しばかり付言してみたい。それにより同時に第四章の理解を深める補足にしたい。

二〇世紀後半における各国の政治を考えるに際に重要な観点は、国際関係を無視しては、一国の政治をもはや語れなくなったということであろう。その場合に「国際関係」とは、グローバルな国際関係とローカルな地域的な国際関係という階層を想定することができる。エジプトの政治と国際関係の連関は、以下のようにいくつかの論点にまとめることができる。まず、エジプトが位置する中東の国際関係の特質に関わる問題である。それは、石油資源の主要な産出地およびパレスチナ紛争の地という国際政治上重要なふたつの地域を内部に抱えることから、超大国による介入や浸透をたえず受けやすかったことである。その結果、中東地域はその他の地域に比べてグローバルな影響力のもとにおかれることが多かった。特にイスラエルの存在は、世界各地にユダヤ人の社会が形成されているために、中東地域には国際的な影響力が加えられることになった。

第二に、グローバルな影響力はそれのみにとどまらず、アラブ諸国が、食糧、貿易、武器、債務、さらには文化にまで至る広範囲な領域において外部、ことに西側先進国に依存することによって、さらに強化されてきた。それは構造的な従属の関係と表現しうるものである。たとえば、アラブ諸国の貿易を概観してみれば、西側諸国にいかに依存しているかが明らかとなる。アラブ諸国の経済は、中東の地域経済よりも西側先進諸国の経済に緊密に統合されており、それに比べて、アラブ諸国間の貿易は、アラブ諸国貿易総額のわずかしか構成していなかったのである。それは、一九七〇年代および八〇年代を通じると、一〇％に達していなかった。

第三に、これらのひとつの帰結として、資源国の限界という点があげられる。一九七三年の第一次石油危機に際しては中東産油国は石油を強力な政治的武器として利用することができた。その結果、産油国は国際経済におけるパワーとして影響力を飛躍的に強化することになった。にもかかわらず、その後出現した状況は、産油国および中東諸国が国際経済に深く組み込まれ、国際経済の変革よりもむしろ現状維持の方向に傾いたことであった。それは、豊富な石油収入を媒介として、中東産油国は、第二点で指摘したような先進諸国経済への経済的な依存を深めたからであった。中期的に見ると、そうした関係は急激な形では変化しそうにはないと見るのが適切であり、また国際経済に深く組み込まれた産油国、とくにその指導的な国であるサウジアラビアの行動は、国際経済の論理を踏まえた現実的・穏健な性格をこれまで示してきたことを考慮すれば、さらに現在ＯＰＥＣが占めている石油市場におけるシェアの減少を考慮すれば、中東の産油国が石油危機で行使したような強力な影響力を再び行使しうる可能性は少ないと考えられる。

以上から、中東地域はグローバルな国際環境から規定されるところが著しいことが明らかになるが、この地域で中心的な役割を長らく演じてきたエジプトも国際環境から同様の強い制約を受けてきた。今日に至るまでエジプトは非同盟政策を外交政策の原則のひとつに掲げているが、外交の基軸はナーセル時代後半には対ソ関係、またサダート政権以降は対米関係におかれており、両超大国との関係が内政に大きな影を投げかける状況には変わりがない。また一九八〇年代には小麦をはじめとする食糧の輸入増大が物語るように、外国への食糧依存の拡大が顕著になったが、そのひとつの帰結として、対外債務の増大を指摘できよう。一九七〇年代末以降はエジプトの政治的、経済的安定を支えるために、アメリカによる巨額な軍事・経済援助が継続的に投入されるようになった。このようにエジプトは超大国および国際経済への依存に伴う国際的な制約の下に置かれている。

しかし、エジプトは国際関係からの制約の下に置かれているのみではない。同時にそうした制約的な国際関係において行動の自由を確保し、自己の影響力を行使しようと試みてきたことも言及してきた。そうした行動を可能にしたのは、ひとつにはエジプトがおかれた地政学的な位置にあった。エジプトはアジアとアフリカの接点に位置することによって、長らく交易や文化の中心地として栄えてきたが、そのような歴史を背景にしてエジプトはパレスチナ問題やアフリカの諸問題において交渉の場を提供したり、仲介者的な役割を演ずることができたのである。

もう一つの要因として、この地域に固有な外交の文化的伝統を指摘することができよう。それは一九世紀以降オスマン帝国をめぐってヨーロッパ列強が展開した中東の国際政治の伝統的なゲームの遺産とみなすことができるが、小国が自己の行動の自由を確保すべく列強を巧みに均衡させせようとするものである。かつてナーセル政権は中立政策や非同盟政策を掲げて米ソ両超大国を対抗させることを通して、巧みに大国から援助を引き出そうと試みたことで知られているが、ムバーラク政権の下では、基軸としての対米関係を損なわない範囲ではあるが、できるだけ国際関係を多角化しようとヨーロッパを中心にしてその努力に怠りない。同じように対米関係を機軸とする日本と比べると、イスラエル批判やヨーロッパ諸国との強調などでは、かなり思い切った発言や行動が、大統領をはじめとして政府首脳のレベルにおいて見受けられるのが大きな違いである。

3　ムバーラク政権下のエジプト政治

ムバーラク大統領は、サダート政権の基本政策を継承して現在に至っているが、その統治のスタイルと言う点では、サダート前大統領とはかなり異なっている。したがって、最初にムバーラク大統領の統治スタイルから言及してみよう。すでに述べたように行政府の頂点に位置する大統領に権限が集中する政治体制そのものには、今なお変更が生じてはいないからである。ムバーラク大統領は、実務家タイプの大統領であると言われており、政策決定に際しては、事柄の細部にまで十分に注意を払い、きわめて慎重な判断を行うとされる。そうした態度は、しばしば優柔不断と批判されてきた。このようなスタイルは、ムバーラク政権における内閣の任期と閣僚の在任期間とが比較的長期に及ぶことにも反映されており、それは、二人の前大統領の下での内閣とかなりの違いを示している。周囲の人々の間でも予測できない行動と決定を行うと考えられていたサダート前大統領に比べると、ムバーラク大統領のこうした慎重な姿勢は、アラブ世界の中にあっては比較的対応しやすいものであろう。

ムバーラク大統領のこのような統治スタイルと関係して注目されることは、九〇年代初頭に初めて経済改革が本格化し始めるまで長期間にわたってムバーラクは実質的な経済改革を先延ばししてきたことである。かれは一九八一年に政権を継承して以来ほぼ一〇年間におよび経済の開放政策を掲げながら、その経済改革に対する姿勢は、公共部門の売却と民営化への対応に示されたように、著しく慎重であった。経済改革を進めるに伴って生じかねない国内の政治的、社会的な反発に対する配慮が、そこには十分に見受けられた。

補助金は徐々に、そして巧みに削減される傾向にあるとはいえ、国民の政治的な黙認を確保するために、継続されている。恐らくそこには性急な改革がもたらしかねない国内の混乱が政権の命取りになり兼ねないことへの懸念があったであろうし、ナーセル政権以降引き継がれてきた社会的公正、あるいは社会の諸勢力の均衡をはかることが、政権の安定と継続にとって不可欠であるとの考慮が強く働いたと考えられる。

九〇年代後半になって民営化措置が急速に実施されることになったが、その時においてもこうした配慮が存在していた。九九年一〇月に成立した新内閣の首相を務めるアーテフ・ウベイドは公共企業相として公共部門の売却・民営化を強力に推進してきた実績から、民営化の一層の前進が期待された。にもかかわらず、ウベイド内閣発足後の数ヶ月間の動きを見る限り、そうした期待をしぼませるような発言が目立っている。二〇〇〇年の二月には大統領はムバーラク年金の支給額を倍にしたいという提案を表明した。ウベイド内閣は、こうした大統領の方針を受ける形で、食糧など基本的な生活物資への補助金が不可欠であるとする姿勢をアピールしている。貧困の緩和を政策の重点に取り上げるこうした動きは、世銀を始めとする国際金融機関の最近の動向とも足並みをそろえるものであり、国内のみならず、国際的な流れをも巧みに把握しながら、経済改革を進めようとするムバーラク政権の意図を読み取ることができよう。

つぎに統治構造の要をなす国家機構が政治的安定化の役割を果たしてきたことを指摘できる。それは国家部門のもとに多数の雇用者を抱えることによってなされた。六〇年代初期以降のアラブ社会主義のイデオロギーの下で国家は最終的な雇用主として位置付けられて以来、今日に至るまでも国家部門には労働力全体のおよそ三〇%を占める人々が雇用されてきた。それだけ多くの人々の生活が国家に依存してきたのである。七〇年代以降民間部門の労働者に比べると、賃金の低さが指摘され、不満が表面化してきたが、それでも政府によるさまざまな手当てや優遇措置が導入され、行政機関職員および公共部門は、全体としてみれば既得権を享受してきた。よく知られているのは、低い水準の基本給を補うために工夫された諸手当や現物支給の制度であり、その結果、基本給と同等額あるいはそれ以上の補足給与が付加されてきたことである。したがって、国家の下で働く人々のほとんどは、多かれ少なかれ現状維持に利益を見出す人々であり、これまで体制にとって安定要因を構成してきたとみなすことができる。

政治的安定の追求は、軍部、内務省、与党国民民主党、そしてマス・メディアによる統制を通じてもなされてきた。なかでも政権の最大の権力基盤を構成する軍部の役割を見極めることは、必ずしも容易ではない。というのも、大統領およびその家族と並んで、軍は報道規制を受ける対象であるために、正確な情報の入手が著しく困難な組織であるからである。軍に関しては報道上のタブーが存在しているために、一般的な事柄を除くと、ごく限られた情報しか入手できない。したがって、長い時系列的な流れの中で、かつ広い政治過程の中で軍の政治的な影響力や役割を描いてみると、おおよそ以下のようになる。

軍部は五〇年代以降一貫して政権を支える最も重要な組織であったが、いくつかの変化をこれまで経験してきた。七〇年代以降における注目すべき変化は、軍の政治的影響力の復活である。六〇年代の後半に軍部はイスラエルとの戦争での敗北の責任を追及され、軍の利益を代弁してきた政治指導者であるアーミル元帥の失脚をきっかけにして、政治的影響力を著しく低下させたことは、すでに言及した。しかし、七三年の十月戦争でイスラエルに政治的な勝利をおさめてからは、軍は威信を回復するようになった。その後、イスラエルとの平和条約の締結および国交の樹立とによって、エジプトにとっては敵国が消滅し、戦争を想定する事態が理論上は存在しなくなったために、軍部は新しい状況の下で新たな役割を模索しなければならなくなった。軍部は国交の樹立以後アメリカによって平和の配当として巨額の軍事援助を提供されるようになり、イスラエルとの和解の最大の受益者となるに至ったが、同時にディレンマに立たされた。アメリカからの軍事援助を軍事力の増強に無制限に使用することは、イスラエルとの関係をエジプト以上に配慮するアメリカによって抑制させられざるをえない。アメリカによる援助は、イスラエルとの平和を前提としてはじめて可能となったからであり、軍事援助がイスラエルとの緊張を再びひきおこすために利用されることは、問題外のことであったからである。こうした状況の中で軍は、八〇年代になると、新たな役割を獲得し出した。それは、軍事面以外の経済や社会の分野へと活動の領域を拡大させていったことである。砂漠の開墾、農場や工場の建設とそこでの農産物や製品の生産、あるいは道路や橋などのインフラの建設、さらに外資との共同事業の参画など、従来軍が行っていた活動をはるかに越える領域に進出した。その結果、そうした活動を通して軍は社会との接点を一層深めるとともに、自己の経済的な基盤を強化することに成功した。というのは、軍部は他の政府機関とは異なり、会計検査院の監査権限が及ばない「聖域」であり、人民議会でも予算審議が行われないからであった。もうひとつ注目すべき新しき役割としては、エジプトの治安を内務省のみでは対処できない事態が発生するに及んで、国内治安を維持する組織としての軍の存在が意識され出したことであった。それを示す象徴的な事件は、一九八六年に「テロ鎮圧部隊」の組織的な暴動が勃発した際に、警察だけでは制圧することが不可能となり、軍の出動によってはじめてその収束が図られたことであった。国内政治の上でこの事件が投げかけた波紋は、ほぼその一〇年前の一九七七年の暴動に匹敵するものであったが、八六年の事件においては、内務省の能力の限界と軍の政治的な役割、すなわち政権を最終的に支えるものが軍部であることを改めて内外に示したという点で注目すべきものであった。

八〇年代にアメリカとの政治的・軍事的関係が緊密化する中で、アメリカとの間に太いパイプをもったアブー・ガザーラ元帥が国防大臣として軍を指揮し、その下で軍はこうした新たな役割を演じたのであった。対米関係がエジプトの国内政治において最も重要な要素となったときだけに、またアメリカによる軍事援助の最大の受益者が軍部であっただけに、ガザーラ国防相およびかれに指導された軍部の存在は、ムバーラク大統領にとって潜在的な政治的脅威であった。すでに六〇年代にアーミル元帥指揮下の軍部に事実上行動の自由を許さざるを得ない状況にナーセルが当面した前例があったからである。したがって、空軍出身のムバーラク大統領は、軍の存在の大きさを十分に認識し、軍の要求に対する配慮を怠らなかった。またいかに軍を掌握するかに神経を使った。たとえば、過激なイスラーム組織の影響力が軍内部に浸透することを警戒して、兵舎を都市部から遠くに移動させたり、軍内部の規律の確保に神経を使った。また一方では将校専用の社交クラブや福祉施設を充実させることによって、軍中堅層の不満を解消しようと努めた。

一方で経済改革の進展につれて九〇年代になると、民間部門および中間層の拡大が進んだ結果、八〇年代において拡大された軍部の役割にもその影響が及ぶようになった。確かに八〇年代以降軍および軍人と民間部門との結びつきが深まったが、九〇年代には軍の特権的な地位が脅やかされかねなかった。九〇年代にはマクロ経済の指標はインフレや財政収支、そして国内総生産の実質成長率など、いずれの側面でも大きな改善が見られたが、ムバーラク大統領としては、こうした成果が一般国民に行き渡ることによって、政権に対する国民の人気と支持を高めたいと期待した。それは軍部からの潜在的な抵抗を押さえるために有効であったからである。ムバーラク大統領は八一年のサダート前大統領暗殺時に施行された非常事態令を今日に至るまで継続しており、それと同時に議会選挙を実施するという両立が困難な政策をとり続けているが、その背後には、軍部への配慮が存在していたからであった。したがって、大統領としては社会における自己の政権基盤をできるだけ広げ、それによって軍部への依存を弱め、より大きな行動の自由を確保したいというねらいがあった。このように、大統領は政権を支える最大の基盤である軍との間に緊張を抱えながら依存せざるをえない立場に置かれている。

さて、国家官僚機構の一部をなす内務省は、専ら国内の統制と治安に関わる行政機構である。内務省はエジプトの省庁の中でも最も大規模な人員を抱える行政機関のひとつをなしている。九〇年代末でそれは国家部門の一〇％以上を占めており、教育省、首相府につぐ大きな省である。七〇年代後半以降の経済改革の過程で規模の縮小を受け入れざるを得ない省庁があった時も、内務省はそれを免れたばかりでなく、むしろ組織を拡大させたのであった。地方のみならず、首都カイロにおいても社会不安が解消されなかったことや、八〇年代以降は中東の地域的な混乱が続いたために、その波紋がエジプト国内にも及んだことが、内務省の組織拡大を促した要因であった。内務省は県知事および与党との緊密な協力の下に、地方の治安の維持に従事した。県知事を生み出す有力な源泉のひとつが内務省であり、多くの場合、内務省では次官や内務大臣補佐官が県知事に任命される最終ポストであった。また県知事はしばしば内務大臣に任命される至近距離にある。

与党である国民民主党が政策決定にどれだけ影響力を行使しているかについては、実証的な研究が存在しないために、不明な部分が多い。同党は、エジプトの政党の中では、政権党ということから、比較的多様な社会的背景を持った政党であり、閣僚を始めとする政治エリートを中心にして結びついた集団である。大統領を総裁とし、ムスタファー・ハリール元首相を副総裁とし、またユースフ・ワーリー副首相兼農業相が幹事長として長い間同党を率いてきた。閣僚や有力議員が同党役員の主要なポストを占める体制には今日に至るまで変わりがない。エジプトでは大統領と行政府が優位を占めるために、議会（人民議会）および政党は政策決定には総じて重要な影響力を及ぼしていないと考えられることが多かった。しかし、多くの閣僚が党役員に名を連ねており、また党役員である閣僚の個人的なレベルにおける要因が政策を左右することもあり、政策決定における与党の役割、および行政と与党との関係は、それほど単純なものではない。むしろ与党内の役員を中心にした政治エリートが、自己の政策や考えの実現に向けて、大統領への説得を試みたり、あるいは大統領の考えに影響を与えようとする働きかけの場が国民民主党であると考えることができる。したがって、同党の役員の顔ぶれを見ることは、政治エリートの動向、および総裁であるムバーラク大統領がどのような考えで役員の配置の決定を行ったかを推測する手がかりを与えるものである。その点で、二〇〇〇年二月にほぼ七年ぶりに役員人事の決定が総裁である大統領によって行われたことに言及する必要がある。それは同党の最高機関である「政治局」および「書記局」の人事異動であった。政治局では五名の異動があり、書記局では二五名の委員の異動が決定された。詳しい委員名についてはここでは省略するが、今回の役員人事異動の特色として注目されることは、コプトの委員が六名選出されて前回の役員会における一名から大幅に増加したこと、それと同時にアズハル大学学長が任命されたこと、「エジプト・アメリカ大統領委員会」から二人の委員が書記局に指名され、そのうちの一人は同委員会のエジプト側スポークスマンをつとめるガマール・ムバーラク、すなわち大統領の息子であり、他の一人は実業家アハマド・イッズであったことであろう。今回の役員人事異動では、七七名の役員のうち二八人が新たに選出され、その内訳は、政治局が五人、書記局が七人、専門委員会委員長が八人、および県の党幹事長八人であった。以上から推測されるのは、二〇〇〇年始めから国民の関心を集めている南部の村アル・コシャフでの宗教的な流血事件への配慮から、コプトの役員を増やしたこと、ならびに経済改革を継続する意思を書記局および専門委員会委員長の人事において改めて明らかにしようとしたことであり、ここには大統領が現在何を最も緊急な問題としているかを伺うことができる。さらに党役員人事が長期間固定されてきたことは、閣僚の任期の長期化と同様に、党組織の活性化と近代化という点で弊害を生み出しやすく、したがって政権を支える政党として期待される役割を担うには課題が多いことである。

統制機能を与えられたマス・メディアも政権の重要な権力基盤の一翼を構成しており、最後に言及しておく必要がある。エジプトではマス・メディアは行政、立法、そして司法につぐ第四の権力と位置付けられており、政府の内外政策を国民に伝達するための手段として利用されてきた。しかし、ジャーナリズムはエジプトでは弁護士や医師と並んで長い伝統を誇る近代的な中間層を形成する専門職業集団であったから、政府の情報統制に対しては、しばしば抵抗がみられはしたが、ナーセル政権の下で統御されて以後は、政府の政策の代弁者としての性格を濃くしてきた。マス・メディアは基本的には宣伝組織として統制機能を与えられているが、それだけ重要な役割を与えられているだけにマス・メディア自身も厳しい情報の統制あるいは規制の下におかれている。外交政策については比較的自由な報道が許容されるが、内政に関してはさまざまな規制が課せられている。更にマス・メディアの役員は政府が任命するために、人事を通しての政府による事実上の言論統制や干渉を可能にしている。したがって、経済の民営化が進展しつつあるとはいえ、マス・メディアの民間の分野ではいまだ有力なジャーナリズムが形成されるまでには至っていないので、ジャーナリスト協会の社会的な評価は高いものの、ジャーナリストの多くは政府の政策を批判的に論ずるというよりは、むしろ与えられた役割を忠実に行使している。そしてジャーナリスト協会の会長には常に政府と協調姿勢をとってきた人物が選出されてきた。一方、政府もマス・メディアの重要性を十分に理解しており、飴と鞭とを使い分けることにより、巧みに統御してきた。七〇年代半ば以降に野党の存在が許容されるとともに、野党が新聞を発行し始めるにつれて、幾分かは報道の幅が広がるようになった。しかし、依然として規制の下におかれていることには基本的に変わりない。むしろ最近では衛星放送の受信者の増加や電子メディアの拡大などが政府やアズハル大学などイスラーム宗教組織の危機感を募らせている結果、マス・メディア全体に対する規制の強化を望ましいとする雰囲気が広がっており、それらをどのように規制するかといった視点での議論が盛んになりつつある。またその文脈でマス・メディアの統制機能が改めて問題となっている。

4　エジプト政治の課題

①政治参加の危機

青年層の抱える問題について第一章で言及したが、政治参加の危機とは青年世代と政治参加の問題である。政治参加の意味する範囲は幅広いが、そのうちで制度的な政治参加のひとつである議会選挙を見ると、カイロ大学政経学部に附置された「行政研究・諮問センター」(Public Administration Research & Consultation Center) の報告書によると、青年世代(三五歳から四〇歳)の立候補者と当選者の数が著しく少ないことである。一九九五年選挙では当選者が二七人と全体の六%であった。また青年層が政党活動に参加する割合も少ないとされた。こうした数字は、政治的無関心層をなす青年層の姿を示しているが、政治的無関心を生じさせる背景として、青年世代が感じる社会の閉塞状況があげられる。その例のいくつかは、本書ですでに指摘したように、大統領、閣僚から与党、さらに野党に至る政治の世界において指導者の地位が特定の人々によって長期間に渡って占められてきたために、高齢化現象が生じていることである。その結果、一九九〇年代の後半に顕在化したのが、政治的な利益の分配に預かれない立場にある野党のほとんどすべてで青年世代(中堅世代)と高齢化した指導部との間で生まれた内紛であった。とくに党首のファアード・シラーグ・エッディーンが二〇〇〇年八月に九〇(または八八)歳で死去したワフド党の今後が注目されている。またムスリム同胞団では一九九六年に中堅世代が新党を結成する動きを表面化させた結果、世代対立が一層明らかになった。こうした対立は野党に限られたことではなく、与党にもまた労働組合にも共通する傾向である。

このようにみてくると広範な政治の領域でより開かれた制度を形成するための改革が、政治的無関心層や新しい世代を吸収して政治を活性化するために必要とされている。二〇〇〇年になって議会選挙の監督がはじめて司法機関に移行して、野党勢力が要求してきた政治改革が一歩前進した。しかし、そのほかの領域でもそれ以上に重要な非常事態令の廃止問題や政党法の改正問題など政治改革の対象とすべき基本的な問題が多く残されている。このうち後者の問題に関しては、憲法が表現の自由や集団結社の自由を規定しているにもかかわらず、現行の政党法のもとに行われてきたのは、政党を設立しようとする動きを阻んできたことであった。今日存在している野党のほとんどは裁判による判決において設立をみとめられたものであった。したがって、選挙運営の民主化措置は政党法の改正など関連する政治改革と結びつくことによってはじめて民主的な政治改革の一歩になりうるものである。

②政党の組織的な脆弱性

野党の内部対立の原因の一つは、すでに指摘した世代的な対立に加えて、党組織の民主的な運営の欠如であった。党内部における民主主義の弱さを克服する道は、政治制度の改革と同様に、党組織をより開かれたものに改革することであろう。それにより政治的関心層を党活動に参加させる機会を広げ、少数の政治活動家のネットワークという性格をもった現在の政党組織の基盤を広げる必要があろう。

野党を中心とする党組織の弱さの責任は、必ずしも野党の政治家のみに帰せられるものではない。一九七〇年代に複数政党制が導入された経緯を振りかえって見ると、政権が野党の形成に積極的に関わっていた。その遺産は現在に至るまで続いている。それまで一党組織であったアラブ社会主義連合が廃止されて、複数政党が形成されたが、その際にASUの資産が与党国民民主党に有利な形で分配され、野党にはわずかの額が配分されたのであり、それが以後も続いたのである。政府が野党に対して家父長的な姿勢でのぞむ関係がエジプトの政府・野党関係を特徴づけている。野党はその資金では野党活動を支える新聞（機関紙）の発行すら十分には行えないのが現状である。野党の政党組織の基盤の強化には財政面での現在の仕組みを再検討し、改めることが必要になっている。

③対米関係の見直しと中東和平後の問題

一九七九年以降エジプトはアメリカから巨額の軍事・経済援助をうけてきた。九〇年代末までに総額で五〇〇億ドル以上の援助が議会により承認されてきた。しかし、近年アメリカで海外援助全体の見直しが進む中で、エジプトへの経済援助も削減される方針が決定された。したがって、エジプトでは援助の削減という事態にどのように対応すべきか検討を迫られることになった。

恐らくこの見直し問題は、アメリカ側の事情としては、中東和平後を見越してとられた措置という側面ももっているのであろう。アメリカとエジプトの両国関係は、アメリカにとってはイスラエルを含んだ三国関係のひとつの側面という意味を常にもっており、エジプトへの援助や両国関係は、アメリカの同盟国イスラエルとエジプトとの関係が左右するという性格を本質的に有するものであった。したがって、エジプトとイスラエルの間に『冷たい平和』と形容される関係が長期間持続したことは、アメリカ議会内部の親イスラエル議員を中心にエジプト援助への否定的な意見を勢いづける結果となった。同時に、九〇年代になるとパレスチナおよびヨルダンがイスラエルとの関係を改善させ、アラブ世界でイスラエルとパイプを持つ国がもはやエジプト一国ではなくなったことも、エジプト一国だけに莫大な援助を提供しつづける政策の説得力をアメリカ国内で失いつつある一因であった。

　エジプトの側でもこうした変化を読み込んでおり、ポスト和平への展望を描き始めている。そのひとつは、アラブ世界における共同市場の創設の動きやアフリカでの地域経済圏への参加に見られるように、多角的な経済関係を強化しようとする姿勢にあらわれている。またエジプトの誇る軍隊と大規模な軍需産業も潜在的に重要な役割を果たしうるものと考えられている。これはたとえ中東和平が実現して包括的な平和が到来したとしても、中東地域における国際関係は引き続き不安定にならざるを得ないという想定に立っているからである。そうした想定は、核不拡散条約調印問題に際してエジプトがイスラエルの核保有を根拠にアメリカが期待するような政策をながらく拒否したことにも反映されているし、中東・北アフリカ経済会議に関しても、それがイスラエルの経済的な中東支配の突破口になりかねないとの警戒感を緩めてはいない。このようにイスラエルをめぐる別の形の対抗関係が中東地域において今後とも継続しうるとの読みが存在しているし、さらに中東地域では国境や水をめぐる国際的な不安定要因が重要性をまし、エジプトの仲介や時にはその軍事的なプレゼンスを必要とする状況が、当分の間は続くと想定されている。

終　章

"al–Siyāsāt al–Shabābīya : al–Āmāl wa al–Tahaddiyāt", Muntada al–Siyāsāt al–'Āmma, No.4, Markaz Dirāsāt wa Istishārāt al–Idāra al–'Āmma（「青年と政治：希望と挑戦」『公共フォーラム』第4号，カイロ大学　政治経済学部行政研究・諮問センター，カイロ，2000年1月.）

Helen C. Metz, ed., Egypt:a country study, DA. Pam. 1991.

第4章　エジプト外交のディレンマ

Mohamed Hassanein Heikal, “Egyptian Foreign Policy” Foreign Affairs, July 1978.
B. Korany & A. H. Dessouki, et al., The Foreign Policies of Arab States, second ed., Boulder, 1991.
Fawaz A. Gerges, “Egyptian–Israeli Relations Turn Sour” Foreign Affairs, Vol.74, No.3, May/June 1995.
Marvin G. Weinbaum,“Dependent Development and U. S. Economic Aid to Egypt” International Journal of Middle East Studies, Vol.18, No. 2, May 1986.
Nazih N. Ayubi, “Core Countries:The Foreign Policy of Egypt”, mimeo., October 1987.
Robert B. Satloff, Army and Politics in Mubarak’s Egypt, Washington, 1988.
Michael Collins Dunn, “Egypt : From Domestic Needs to Export Market”, The Implications of Third World Military Industrialization, ed., by James Everett Katz, New York, 1986.
Boutros Boutros–Ghali, Egypt’s Road To Jerusalem, New York, 1997.
William B. Quandt, The United States and Egypt, Washington, 1990.
Risa Brooks, Polotical–Military Relations and the Stability of Arab Regimes, Adelphi Paper 324, 1998.

INP, Egypt : Human Development Report 1997/98, 1998.

CAPMAS, Al-Kitāb al-Iḥṣā ‘ī al-Sanawī 1952-1987（統計年鑑1952年-1987年）, Cairo, 1988.

CAPMAS, Al-Kitāb al-Iḥṣā ‘ī al-Sanawī 1990-1995（統計年鑑1990年-1995年）, Cairo, 1996.

CAPMAS, Al-Kitāb al-Iḥṣā ‘ī al-Sanawī 1952-1993（統計年鑑1952年-1993年）, Cairo, 1994.

EGYPT TODAY, September 1996, Cairo.

J. Ismael & T. Ismael, Social Policy in the Arab World, Cairo Papers in Social Science, Vol. 18, Monograph 1, Spring 1995.

J. Dixon, ed., Social Welfare in the Middle East, London, 1987.

James Iwan, "From Social Welfare to Local Government : The United Arab Republic (Egypt)" Middle East Journal, Vol.32, No.3, 1978.

Gil Feiler, "Housing Policy in Egypt" Middle Eastern Studies, April 1992.

I. Harik, Economic Policy Reform in Egypt, 1997.

World Bank, Country Economic Memorandum : Egypt, 1997.

Majlis al-Shūrā, Taqrīr al-Lajna al-Khāsa ‘an Mushkila al-Iskān fī Miṣr（シューラー議会『エジプトにおける住宅問題に関する特別委員会報告書』）, Cairo, n. d.

Gouda Abdel-Khalek & Robert Tignor, eds., The Political Economy of Income Distribution in Egypt, New York, 1982.

Denis J. Sullivan, Private Voluntary Organizations in Egypt, Gainesville, 1994.

Ali E. Hillal Dessouki, “The Public Sector in Egypt : Organisation, Evolution and Strategies of Reform”in Handoussa & Potter, ed., 1991.

K. F. Sherif & R. M. Soos, ”Egypt’s Liberalization Experience and Its Impact on State-owned Enterprises,” in Harik & Sullivan, eds., 1992.

山根　学『現代エジプトの発展構造』晃洋書房，1986年.

山根　学・森賀千景『世界経済システムと西アジア』知硯書院，1998年.

清水　学編『エジプトの経済改革』アジア経済研究所，1997年.

清水　学編『中央アジア－市場化の現段階と課題－』アジア経済研究所，1998年.

富田広士「経済自由化萌芽期の対外環境」『法学研究』（慶應義塾大学法学研究会）第71巻　第１号，1998年１月.

Yahya Sadowsky, Political Vegetables? Washington, 1991.

Heba Handoussa, The Role of the State:The Case of Egypt, Economic Research Forum Working Paper 9404, Cairo, 1994.

Samer Soliman, State and Industrial Capitalism in Egypt, in Cairo Papers in Social Science, Vol.21, No.2, Summer 1998.

武藤幸治「市場経済移行下のエジプト製造業」『現代の中東』第25号 1998年９月

Toshikazu Yamada, et al., Financial Development in Egypt, Institute of Developing Economies, Tokyo, 1995.

Clement Henry Moore, Images of Development, Cambridge, 1980.

第３章　転換期の福祉と福祉政策

学研究所編『20世紀システム４：開発主義』1998年.
Mohamed H. Abdel Aal, et al., The Governorates of Aswan and Qena: Developmental Profiles, Cairo, 1993.

第２章　経済改革の政治

Nazih Ayubi, The State & Public Policies in Egypt since Sadat, Ithaca, 1991.
World Bank, Egypt–Stabilization and Structural Change, January 1999.
Weiss & Wurzel, The Economics and Politics of Transition to an open market economy: Egypt, OECD, 1998.
INP, Miṣr:Taqrīr al–Tanmīya al–Bashārīya 1995（エジプト：人的資源開発報告1995年）, Cairo, 1995.
Heba Handoussa & Gillian Potter, eds., Employment and Structural Adjustment:Egypt in the1990s, ILO, 1991.
I. Harik & D. Sullivan, eds., Privatization and Liberalization in the Middle East, Bloomington, 1992.
E. Suleiman & J. Waterbury, eds., The Political Economy of Public Sector Reform and Privatization,Boulder, 1990.
John Waterbury,"The Political Context of Public Sector Reform and Privatization in Egypt, India, Mexico, and Turkey"in Ezra N. Suleiman & J. Waterbury, eds., The Political Economy of Public Sector Reform and Privatization, Boulder, 1990.
John Waterbury, Exposed to Innumerable Delusions:Public Enterprise and State Power in Egypt, India, Mexico, and Turkey, Cambridge, 1993.

Yahya Sadowski,Political Vegetables? Washington, 1991.
Iliya Harik,Economic Policy Reform in Egypt,Gainesville, 1997.
John Waterbury,The Egypt of Nasser and Sadat,Princeton, 1983.
Nazih Ayubi,"Bureaucracy and Development in Egypt Today"Journal of Asian and African Studies, xxiv, 1 −2, 1989.
Richards & Waterbury, A Political Economy of the Middle East, 2 nd ed., Boulder, 1998.
Sullivan & Abed–Kotob, Islam in Contemporary Egypt, Boulder, 1999.
Donald M.Reid, Cairo University and the making of Modern Egypt, Cambridge, 1990.
Jean–Jacques Dethier & Kathy Funk,"The Language of Food:PL 480 in Egypt" Middle East Report, No.145, March–April 1987.
Tim Mitchell,"America's Egypt" Middle East Report, March–April 1991.
Sally Ethelston,"Water and Women:The Middle East in Demographic Transition" Middle East Report, No.213, Winter 1999.
John L.Esposito,The Islamic Threat, New York, 1992.
John L. Esposito & John O. Voll, Islam and Democracy, New York, 1996.
店田廣文「エジプトの人口変動と都市化」『現代の中東』第27号，1999年９月.
伊能武次「エジプト／開発戦略の転換と国家の構造」『アジ研ワールド・トレンド』第53号，2000年１－２月号.
長沢栄治「エジプトにおけるエタティズムの形成」東京大学社会科

Robert Bianchi, Unruly Corporatism, New York, 1989.
伊能武次「1995年のエジプト」『現代の中東』第20号，1996年 3 月.
'Alī al–Dīn Hilal, Taṭawwur al–Nizām al–Siyāsī fī Miṣr 1803－1999（エジプトの政治体制の発展：1803年－1999年），Cairo，2000.
鈴木八司監修『エジプト』新潮社，1996年.
伊佐二久編『サラーム！　エジプト』西田書店，1992年.
牟田口義郎『カイロ』文芸春秋，1992年.
店田廣文『エジプトの都市社会』早稲田大学出版部，1999年.
栗田禎子編『中東』大月書店，1999年.
小杉　泰『現代中東とイスラム政治』昭和堂，1994年.
小杉　泰『イスラム世界』筑摩書房，1998年.
伊能武次・松本　弘編『現代中東の国家と地方（Ｉ）』日本国際問題研究所，2001年.

第１章　人口変動と社会

Philippe Fargues,"Demographic Explosion or Social Upheaval?"in Ghassan Salame, ed., Democracy without Democrats? London, 1994.
CAPMAS, Al–Kitāb al–Iḥṣā 'ī al–Sanawī 1992－1998（統計年鑑1992年－1998年), Cairo, 1999.
INP, Egypt : Human Development Report 1997－1998, Cairo, 1998.
Al–Sayyid 'Abd al–Muṭlib Ghānim, ed., Al–Tawaẓẓuf al–Ḥukūmī fī Miṣr（エジプトにおける政府雇用), Cairo, 1992.
World Bank, Country Economic Memorandum :Egypt, Vol.IV.,March 1997.

参考文献

以下では各章を執筆するにあたり参考にした文献を章ごとに掲げた。そこには掲げなかったが，全体を通じて参考にした新聞などの資料をはじめに示しておく。

Al–Ahram, Cairo .

Al–Ahram Weekly, Cairo.

Middle East Times;Egypt edition, Cairo.

MEED, London.

The Middle East and North Africa, London.

Al–Taqrir al–Istrātiji al–‘Arabī（アラブ戦略レポート），Cairo.

長場　紘『現代中東情報探索ガイド』慶應義塾大学出版会，2001年.

大塚和夫編『アジア読本　アラブ』河出書房新社，1998年

福井勝義・赤阪　賢・大塚和夫『アフリカの民族と社会』（世界の歴史24）中央公論社，1999年.

長沢栄治編『中東－政治・社会』アジア経済研究所，1991年

序　　章

Bahgat Korany, “Unwelcome Guests:The Political Economy of Arab Relations with the Superpowers,” in Hisham Sharabi,ed., The Next Arab Decade, Boulder, 1988.

‘Alī al–Dīn Hilāl & Usāma al–Ghazālī Ḥarb, eds., Intikhābāt Majlis al–Sha‘b 1990（1990年人民議会選挙), Cairo, 1992.

Robert Springborg, Mubarak’s Egypt, Boulder, 1989.

索　引

著者略歴

伊能　武次（いのう　たけじ）

1948年千葉県生まれ。1976年東京都立大学大学院社会科学研究科博士課程（政治学専攻）修了。アジア経済研究所中東総合研究プロジェクト・コーディネーターをへて、1994年から中部大学国際関係学部教授、1998年４月から和洋女子大学人文学部国際社会学科教授。この間、エジプトのカイロ大学政治経済学部（1979年２月から1981年３月）および国立社会・犯罪研究センター（1987年10月から90年３月）の客員研究員。

〈主要著書〉『アラブ世界の政治力学』（編著、アジア経済研究所、1985年）、『中東諸国における政治経済変動の諸相』（編著、アジア経済研究所、1993年）、『エジプトの現代政治』（朔北社、1993年）、『中東における国家と権力構造』（編著、アジア経済研究所、1994年）、『現代中東の国家と地方（Ｉ）』（編著、日本国際問題研究所、2001年）

エジプト　転換期の国家と社会

二〇〇一年七月二〇日　第一刷発行

著　者　伊《い》能《のう》武次《たけじ》

発行者　宮本功

発行所　株式会社朔北社《さくほくしゃ》

〒一五七―〇〇六一　東京都世田谷区北烏山一―八―二　ＮＴＫビル

電話〇三―五三八四―〇七〇一　ＦＡＸ〇三―五三八四―〇七一〇

振替〇〇一四〇―四―五六七三二六

http://www.sakuhokusha.co.jp

印刷・製本　電算印刷株式会社

落丁・乱丁本はお取り替えします

ISBN4-931284-71-X C3031